KB038766

4·16구술증언록 단원고 2학년 7반 제8권

# 그날을 말하다

## 동수 아빠 정성욱

4·16구술증언록 단원고 2학년 7반 제8권

# 그날을 말하다

## 동수 아빠 정성욱

4·16기억저장소 기획 편집
(사) 4·16세월호참사가족협의회 지원 협조

한울

일러두기

1. 음절로 식별 가능한 소리를 들리는 대로 전사하는 것을 원칙으로 한다.

2. 의미를 파악하기 위해 추가 설명이 필요할 경우 [ ]로 표시한다.

3. 몸짓, 어조 등 비언어적 행위는 ( )로 표시한다.

4. 구술자가 말을 잇지 못해 말줄임표를 사용하는 경우 ……, …로 길고 짧음을 표시한다.

5. 비공개 영역은 〈비공개〉로 표시한다.

6. 비공개해야 하는 희생자 형제자매의 이름은 ○○, △△ 등의 도형기호로, 생존자의 이름은 A, B, C 등 알파벳 대문자로 표시한다.

7. 비공개해야 하는 제3자는 직분이나 소속, 성만 공개하고, 이름은 ××로 표시한다. 비공개해야 하는 숫자는 자릿수에 상관없이 □로 표시하며, 지명은 □□로 표시한다.

책머리에

　4·16기억저장소에서는 세월호 참사 5주기를 맞아 구술증언 수
집 사업의 결과물 일부를 100권의 책으로 발간하게 되었습니다.
이 사업은 2015년 6월부터 다양한 학문 분야 구술 연구자들의 자
발적인 참여로 진행되어 왔으며, 세월호 참사를 좀 더 정확하고 다
각적으로 기록하고 기억하고자 하는 노력의 일환으로 수행되었습
니다.

　2014년 참사 발생 이후, 참사 피해자들의 목격담과 경험은 안타
깝게도 공식적인 국가기관과 언론의 기록 속에서 철저히 소외되거
나 왜곡되었습니다. 그것은 세월호 참사가 우리에게 안긴 죽음과
고통의 충격만큼이나 우리 사회의 끔찍한 비극이었습니다. 따라서
사업을 진행하면서 세월호 참사 희생자 가족, 생존자, 생존자 가족,
어민, 잠수사, 활동가, 기자 등등, 참사의 초기 과정을 직접 경험한
분들의 증언을 우선적으로 수집했습니다. 구술자는 이 사업의 취

지와 방식에 개인적으로 동의한 분 중에서 선정했으며, 참여 과정에 어떠한 금전적 보상이나 이익이 제공되지 않았습니다. 또한 구술증언 수집 사업을 진행하는 동안, 면담자는 연구자이자 참사를 겪은 공동체 시민으로서 최대한 윤리적이고자 노력했습니다.

구술자마다 매회 약 2시간씩 3회를 원칙으로 음성 녹취와 영상 촬영을 하는 방식으로 진행되었고, 증언의 일관성을 확보하기 위해 면담자는 큰 틀에서 공통 질문지를 사용했습니다. 공통 질문지의 내용은 참사와 구술자 간의 관계성에 따라 차이가 있지만, 유가족 구술의 경우 1회차 '참사 이전의 삶, 팽목항과 진도에서의 경험, 자녀에 대한 기억'을, 2회차 '참사 이후 투쟁과 공동체 활동 경험'을, 3회차 '참사 이후 개인 및 가족이 경험한 삶의 변화와 깨달음, 자녀의 현재적 의미'를 중심으로 했습니다. 이처럼 증언 내용은 참사 이전에서 시작해 참사 발생 당시의 경험과 이후의 변화 과정까지 폭넓게 수집했고, 면담자는 구술 채록 과정에서 구술자의 발화를 최대한 존중하고자 했으며, 무엇보다 각자의 특수한 경험과 다른 시각을 충실히 반영하고자 했습니다.

이 구술증언록의 발간을 위해, 채록된 음성 자료는 문서로 변환해 구술자와 함께 검토했고, 현재 시점에서 공개할 수 있는 영역과 할 수 없는 영역으로 구별했습니다. 따라서 책에 실린 내용은 모두 구술자로부터 공개를 허락받은 부분입니다. 비공개 영역은 추후 구술자의 동의를 받아 적절한 절차를 거쳐 추가로 공개될 수 있으리라 생각합니다.

이 구술증언록 100권에는 그동안 우리 사회에 왜곡되어 알려지거나 잘 알려지지 않았던, 참사 발생 직후 팽목항과 진도 혹은 바다에서의 초기 상황에 관한 중요한 증언이 포함되어 있습니다. 또한, 자녀를 잃는 잔인하고 애통한 상황을 겪으면서도 그 누구보다 강인한 정치적 주체로 성장할 수밖에 없었던 유가족의 마음과 경험을 구체적으로, 그리고 여러 각도에서 살펴볼 수 있습니다. 그 외에도, 이 구술증언록은 2014년을 전후한 한국 사회의 여러 측면을 드러내는 귀중한 자료가 되리라고 생각합니다. 무엇보다 국내외의 많은 분이 이 책을 읽어, 장차 세월호 참사의 진상 규명과 역사 서술에 기여할 수 있기를 바랍니다.

구술증언 수집 사업이 진행되고, 책으로 출간되기까지 많은 분의 도움과 지지가 있었습니다. 이 지면을 빌려 부족하나마 감사의 말씀을 전하고자 합니다.

먼저 (사)4·16세월호참사가족협의회와 4·16기억저장소에 감사를 드립니다. 이분들의 신뢰와 적극적인 협조가 없었다면, 이 사업은 처음부터 시작할 수조차 없었을 것입니다. 또한 어려운 정치 환경 속에서도 사업의 취지에 공감해 재정 지원을 결정해 준 아름다운가게와 역사문제연구소에 감사드립니다. 두 단체 덕분에, 이 사업을 4년 동안 계속해 올 수 있었습니다. 그리고 구술증언록 100권의 발간에 동의하고, 바쁜 일정에도 출판 실무를 기꺼이 맡아주신 한울엠플러스(주)에도 감사를 드립니다. 이 외에도 많은 개인과 단체가 직간접적으로 많은 도움을 주시고 격려해 주셨습니다. 여기에 모두 밝히지 못하는 것을 죄송하게 생각합니다.

　말할 필요도 없이, 가장 크고 또 가슴 아픈 감사는 구술자 한 분 한 분께 드리고자 합니다. 이 책이 발간될 수 있었던 것은, 무엇보다 용기를 내어 아픔과 고통의 기억을 다시 떠올리고 장시간 진심으로 이야기를 해주신 구술자가 있었기 때문입니다. 오랜 시간 이야기를 나누며 함께 공감하기도 했지만, 그 아픔과 고통을 어떻게 가늠할 수 있을까 싶습니다. 더 큰 도움이 되지 못함을 안타까워하며, 이 구술증언록 100권의 발간이 피해자분들에게 조금이라도 위로가 될 수 있기를 기원합니다.

2019년 4월

4·16기억저장소 구술팀 책임자
서울대학교 인류학과 교수 이현정

# 차례

## ■ 3회차 ■

# 동수 아빠 정성욱

구술자 정성욱은 단원고 2학년 7반 고 정동수의 아빠다. 아빠는 4·16세월호참사가족협의회 진도분과장, 인양분과장, 진상규명분과장으로 활동하며 미수습자 수색과 세월호 선체인양, 그리고 참사의 진상을 규명하기 위해 처절한 노력을 이어왔다. 삶의 전부였던 동수에게 떳떳한 아빠가 되기 위해 동수 아빠는 오늘도 진도, 동거차도, 목포, 서울로 뛰어다니며 유가족 활동의 기둥으로서 역할하고 있다.

정성욱의 구술 면담은 2019년 1월 8일, 17일, 24일, 3회에 걸쳐 총 7시간 10분 동안 진행되었다. 면담자는 김익한, 촬영자는 강재성·송추향이었다.

구술자 본인의 프라이버시나 제3자의 프라이버시를 보호해야 할 부분을 제외하고는 구술자의 발화를 있는 그대로 전사했다.

# 1회차

2019년 1월 8일

## 시작 인사말

면담자    본 구술증언은 4·16 사건에 대한 참여자들의 경험과 기억을 기록으로 남김으로써 이후 진상 규명 및 역사 기술에 기여하고자 합니다. 지금부터 정성욱 씨의 증언을 시작하겠습니다. 오늘은 2019년 1월 8일이며, 장소는 안산시 단원구 4·16가족협의회 강당입니다. 면담자는 김익한이며, 촬영자는 강재성입니다.

## 구술 참여 동기와 목적, 그리고 근황

면담자    아버님, 먼저 이 구술에 참여하게 된 계기와 오늘부터 얘기하시는 구술증언의 내용이 어디에 쓰였으면 좋겠다 하는 두 가지에 대해서 간단하게 말씀해 주시면 좋겠습니다.

동수 아빠    연락은 도언이 엄마한테 왔어요. 도언이 엄마가 "구술은 해야 된다"[라고 했는데], 솔직히 구술에 대한 것은 관심이 없었으니까 [차일피일하고 있었는데], "그래도 꼭 해야 된다, 증언으로 남겨야 되기 때문에"[라고 해서서 하게 되었어요]. 좀 시간이 그때 당시에는 너무 바빴어요. 계속 진도 왔다 갔다 해야 되니까 시간을 낼 수가 없고, '시간 나면 하겠다'라는 게 기본적인 입장이었고, 그러다가 이제 오늘로 날짜를 잡게 된 거죠. 그렇게 된 거죠. 두 번째 질문은 뭐였죠?

면담자　　　오늘 말씀하신 게 어디에 유용하게 쓰였으면 한다는….

동수 아빠　　　일단은 두 번 다시는 이런 사회적 참사가 일어나지 않도록 예방책의 하나[가] 됐으면 좋겠어요, 이게. 지금 5년이라는 시간을 겪으면서 너무 아픈 기억들이 많아요. 그리고 일단은 몸이 따라주지 못하니까, 이런 참사가 두 번 다시 일어난다면 이후에 또 겪을 고통, 그걸 생각하니까 너무 힘들더라고요. 그래서 이런 게 안전교육 쪽이나, 저희들이 하는 얘기가 추후 다시 이런 사고가 일어났을 때 방책이 되었으면 좋겠다는 게 기본적인 소감이죠.

면담자　　　최근에 어떠셨어요? 목포에 주로 계시다가 올라오셨는데 안산에서 좀 어떠셨어요?

동수 아빠　　　뭐 안산에 올라와서는 병원도 일단 좀 다녔고, 워낙 안 좋아지다 보니까 병원도 다녔고, 그 이후로는 사참특위 준비 과정 중에서 저희들이 해야 될 역할들이 많다 보니까 일단은 사참위 교육, 조사관들이 제일 모르니까 전반적인 교육 시스템하고, 그다음에 저희가 참여할 수 있는 조건들을 만드는 이런 과정이 좀 구체적으로 있었죠.

면담자　　　교육은 동수 아버님이 직접 나서서 하시기도 하셨어요? (동수 아빠: 네) 예를 들자면 어떤 교육을 했어요?

동수 아빠　　　그러니까 전반적으로 진도 상황이나 그다음에 인양 상황, 그다음에 우리가 겪었던 일들을 구체적으로 좀 진술을 해주고, 서로 질의응답을 받는 식으로 해서 '어떻게 특조위가 나갔으면 좋겠다'라는 것까지 해서 전반적으로 교육을 같이했죠.

면담자      아마 거기에 파견직 공무원들도 꽤 있을 텐데 (동수 아빠 : 네, 있습니다) 느낌이 어떠셨어요? 반응들이 어떠셨어요?

동수 아빠      어, 처음에는 글쎄요, '파견직 공무원들이 순수히 해줄까'라는 의구심을 가지고 시작은 했어요. 근데 막상 이제 소단위로 나눠서 얘기를 하다 보니까 좀 열정적으로 하실 분들도 좀 있고 그렇지 않은 분들도 있는데, 열심히 가는 걸로 믿고 전반적으로 같이 허심탄회하게 얘기를 좀 많이 나눴죠.

면담자      그 사참특위도 그렇고 1기 특조위도 그렇고 그다음에 선체조사위도 그렇고 결국은 유가족들과의 공감이 전제가 되지 않으면 사실은 제대로 된 조사를 하기가 어렵기 때문에 (동수 아빠 : 힘들죠) 이번에 교육부터 시작했다는 건 정말 반가운 얘기네요. 그럼 인선이나 뭐 이런 데서는 큰 어려움은 없었습니까?

동수 아빠      그것은 저희 관할이 아니라서 그거는 이제…, 저희는 인원이 충원되고, 그 사람들을 가지고 얘기를 나눈 거지 저희가 인선에는 관여할 수 있는 상황은 아니고, 다만 이제 인선에 [대해서] 저희가 부탁을 한 내용은 있어요. "진짜로 진상 규명을 할 수 있는 사람으로 뽑아줬으면 좋겠다. 그냥 와서 월급쟁이가 아니라 열의를 가지고 할 수 있는 사람으로 좀 해줬으면 좋겠다"라는 당부 말씀은 드렸죠.

면담자      1기 특조위에 비해서 어떠세요?

동수 아빠      일단 1기 특조위나 선조위보다는 확실히 차원적으로 질이 좀 틀려요. 1기 특조위 때는 놀러 온 사람? 놀러 왔다는 표현은 좀 그렇고 그냥 월급 받으러 온 사람인 반면, 선조위는 너무 전문가들로 뽑다 보니까 이제 알력 싸움이 좀 있었고, 대신에 여기는 이제 그런 게 없이 공평하게 좀 해서 정확하게 어느 정도 분배가 되었다고 생각을 해요. 그러다 보니까 자기 역할을 맡아서 충실히 할 수 있는 거 같더라고요.

면담자    사참특위에서 꼭 신경 써야 할 것은 뭐라고 보십니까?

동수 아빠    사참특위가 두 가지를 가지고 하다 보니까 좀 힘든 면이 있는데, 그중 저희 세월호 참사를 가지고 하는 거에 대해서는 가장 중요한 게 일단은 왜 구하지 않았는지를 제일 먼저 알아야 될 것 같고, 구할 수 있는 시간이 있었음에도 불구하고 왜 그렇게까지 대처를 할 수밖에 없는지 그 이유를 알아야 될 것 같고, 두 번째는 세월호가 왜 그렇게 급하게 침몰을 했는지, 침몰 원인은 아직까지도 밝혀진 게 없기 때문에 일단은 사참위에서 가장 중점적으로 봐야 될 게 이 두 가지가 아닐까 생각을 하고, 거기에 좀 중점을 맞춰서 일을 하고 있어요.

면담자    나중에 상세하게 여쭙기는 할 겁니다만 말씀하신 김에 선체 조사 과정에서 아시게 된 사실 몇 가지를 여쭙고 지나갔으면 하는데요. 우선 하나는 스태빌라이저[선박의 흔들림을 줄여 자세를 안정시키는 장치]가 돌아가 있다는 결과가 나왔잖아요. 그런 거에 대해서는 어떻게들 보고 계셔요?

동수 아빠    그것을 이제 정확히 판단할 수 없는 게, 사참위도 거기에서 지금 여러 가지 조사를 할 계획을 가지고 있는데, 일단 선체조사위에서 한 것은 결론이 안 났어요. 그게 왜 돌아갔는지 정확한 결론이 안 났거든요. 여러 가지 추정할 수 있는 게, [하나는] 침몰 당시에 박히

면서 돌아갈 수가 있다, 배가 좌현으로 눕혔으니까, 그리고 [다른 하나
는] 좌현으로 눕혀 있는 상태에서 배가 밀렸습니다 뒤쪽으로, 그런 과
정에서 돌아갈 수 있는 거다 [하는 거고요], 또 하나는 충격에 의해서,
어떤 충격인지는 모르겠지만, 그 충격에 의해서 돌아갈 수 있는 거다,
기본적인 세 가지 방향이 있는 거 같습니다.

면담자      그리고 차량 블랙박스를 통해서 정확하게 상황이 나왔
습니다만 한 15도 정도 기울어져 있던 게 거의 45도 이상 아닙니까?
(동수 아빠 : 네) 아주 짧은 시간에 돌아가 버린 게, 차량이 있던 공간에
매달려 있는 추를 통해 우리가 KBS 뉴스나 〈그날, 바다〉 영화를 통해
확인할 수가 있었는데요. 그 현상은 물리학적으로 설명이 좀 어려운
거잖습니까? 그거에 대한 추정은 대체로 어떻게들 하고 계서요?

동수 아빠      그러니까 그 추정을 추론할 수 있는 게 아무것도 없어
요. 왜 그렇게 급격하게 돌아갔는지를 어느 누구도 추정을 못 하고 있
는 상황이에요. 다만 이제 선체조사위에서는 화물의 급격한 이동이라
는 게 있고 또 하나는 충돌설을 이야기하고 있는데, 두 가지 보고서가
같이 나왔잖아요? 그 두 가지를 어느 누구도 확답을 못 해주는 거죠,
그럴 수도 있다라는 게 기본적인 입장이고. 그래서 지금 특조위에서
도 그 부분[을] 또 따로 조사를 하고 있기 때문에… 그니까 선조위에서
나온 여러 가지 '열린안'과 그다음에 '외인설' 두 가지잖아요. 이 두 가
지를 다시 한번 검토하는 입장으로 선조위, 아니 특조위[사참위]가 진
행을 하고 있기 때문에 그 부분에 대해서는 저희들도 어떻게 말씀을
드릴 수 있는 상황이 아니에요. 그래서 특조위[사참위]의 지금 조사 방
향이 어떤 식으로 흘러갈지는 지켜봐야 될 것 같아요. 특조위[사참위]

에도 선체[조사]에 필요한 인원들이 충분히 보강이 되어 있기 때문에 그건 좀 더 지켜봐야 될 상황인 것 같아요.

면담자   한 번만 더 여쭈면요. 제가 좀 꼬치꼬치 여쭙습니다(웃음). 그 충돌의 경우도, 그러니까 배 하단부에 굉장히 강한 힘이 집중적으로 가해지지 않는 한 45도 정도 그렇게, 물의 압력을 받아가면서 넘어가기가 좀 쉽지가 않다, 그래서 충돌도 충돌이지만 뭔가 잡아 끄는 힘이 있지 않느냐 이런 이야기들도 하고 있어요. 그러니까 단순한 충돌설로 이게 설명이 될 것이냐, 뭐 이런 논의들이 있는데 이것에 대해서는 동수 아버님은 어떻게 보세요?

동수 아빠   글쎄요. 저는 끌었다고는 생각되지 않아요. 끌려면은 뭔가를 붙여야 되는데 그럴 수 있는 여건은 아닌 거 같고, 다만 이제 배가 넘어가게 된 동기가 과연 무엇일까 저도 곰곰이 진짜 많이 생각을 해봤어요. 그렇지만은 도저히 설명할 수가 없는 게, 그게 저도 의문으로 남아 있는데, 다만 부력이 작동하는 건 맞습니다마는 그 큰 힘이 아니더라도 배는 넘어갑니다. 쉽게 생각해서 빙판 위에, 설명을 사람으로 해도 되는데, ××[거구의 연예인]하고 꼬마하고 둘이 서 있을 때, 손뼉을 딱 밀어 쳤을 때 ××이 힘으로는 안 밀릴 것 같잖아요? 근데 빙판에서는 살짝만 힘을 줘도 밀립니다. 그 원리를 본다 그러면은, 글쎄 어떻게 설명할 수 있을지는 모르겠어요.

면담자   아, 그러면 '하단에 일정한 충돌이 있으면 그게 이제 배가 물 표면 쪽에 있었기 때문에 빙판처럼 미끄러지는 현상으로 45도 이상 넘어질 수도 있겠다'라고 추정을 하신다는 얘기네요. (동수 아빠:

네) 알겠습니다, 감사합니다. 어쨌든 이쪽과 관련된 내용은 현재 동수 아버님이 제일 잘 알고 계시기 때문에 특히 선체조사위 시기에 아예 (웃음) 목포 신항에서 고정으로 계시면서 작업을 하셔서, 2회차 구술 할 때 제가 상세히 다시 여쭙도록 하겠습니다.

3
## 20대 초반, 안산으로 올라와 시작한 사회생활

면담자　생애사 구술 쪽으로 다시 돌아오면요. 안산에는 언제 오셨습니까?

동수 아빠　제가 안산에 [19]92년도에 왔어요, 92년도 10월 달인가 그때.

면담자　92년이면 몇 세 정도 돼요?

동수 아빠　스물셋에 왔을 거예요.

면담자　그럼 정말 군대 갔다 와서 바로 오셨다는 얘기네요. 젊은 시절부터 삶의 터전이 안산이었다고 볼 수 있겠네요. 안산에 오기 전에 태어나시기는 어디서 태어나셨어요?

동수 아빠　전주에서 태어났죠.

면담자　전주. 그럼 전주에서 쭉 사시다가….

동수 아빠　네. 군대 제대하고 와서 살았죠.

면담자          아, 그러셨군요. 형제가 어떻게 되셔요? (동수 아빠 : 3형제입니다) 3형제의 (동수 아빠 : 장남) 장남. 그러면 뭐 안산으로 옮기시면서 동생분들도 어떻게 안산으로 같이 데려오고 그러셨어요?

동수 아빠     둘째만 안산으로 데리고 올라왔고, 막내는 전주에 있어요.

면담자          어린 시절이나 초등 시절 아버님이 생각하시기에 어떤 아이셨어요? (동수 아빠 : 말썽꾸러기였죠. 진짜 말썽꾸러기였어요) 전혀 그렇게는 안 보이시는데요(웃음). (동수 아빠 : 말썽을 많이 부렸죠) 예를 들자면?

동수 아빠     사고도 많이 쳤고, 그런 반면에 또 엄하게 컸어요.

면담자          그러면 이제 중고등학교도 다 (동수 아빠 : 전주에서) 전주에서 다니셨군요?

동수 아빠     전부 다, 저는 그때 당시 다 뺑뺑이로 바뀌었지 않습니까? 그러다 보니까 전부 다 신설 학교로 가게 됐죠. 그때 이제 한창 신설 학교가 많이 생기면서 중학교도 3회 졸업생이고, 고등학교는 6회 졸업생이고, 신설 학교라….

면담자          그러면은 군대 가셨을 때는 일반병으로 가셨었나요?

동수 아빠     아니요, 의경으로 갔다 왔어요. 그때 당시에 전경에서 의경으로 바뀌는 시기이다 보니까 이제 하사관으로 가려다가, 하도 이제…, 그때 파출소에서 몇 건씩 [배당이] 있었어요, 의경을 데리고 오는 게, 파출소마다. 그때 당시 파출소장님이 찾아오셔서 부탁을 하시더라고요. 그래서 어쩔 수 없이 그렇게 가게 됐어요.

면담자 　　　아니, 파출소장님이 동수 아버님이 뭐가 그렇게 마음에 들어서 그렇게 부탁까지 하셨대(웃음).

동수 아빠 　　　아, 그게 아니라 어머님이 반장을 하고 계시다 보니까 그쪽으로 이제 연락이 와서, 그래서 부탁을 하시길래 [의경으로 가게 된 거지요].

면담자 　　　그럼 뭐 군대생활은 속된 말로 엄청 (동수 아빠 : 빡세게 했어요) 호화롭게 한 게 아니라 빡세게 했어요? 의경은 엄청 편하다고 다들 생각을 하는데?

동수 아빠 　　　아, 그때 전경에서 의경으로 바뀌면서 기동대로 바뀌는 시기가 있었고, 그때 당시에 바뀌었거든요. 그때 당시에 제가 101단을 갔었어요. (면담자 : 101단이 뭐죠?) 백골부대, 사복 중대거든요. 대한민국에 세 개밖에 없었어요, 그때 당시에는.

면담자 　　　정말 빡센 의경생활을 하셨네요, 현장에도 많이 투입이 됐을 거고.

동수 아빠 　　　백골단은 다 현장 투입이죠, 사복을 입으니까.

면담자 　　　뭐 좀 느낌만 여쭙고 싶습니다만, 그때 현장에 투입되고 했을 때 어떠셨어요, 심정이?

동수 아빠 　　　그때 심정은 뭐 따로 없어요, 시키면 시키는 대로 해야 됐으니까. 아무것도 모르는 상황에서 그냥 가다 보니까, 의경이라고 했을 때는 처음에는 뭐 교통 이게 다였었는데, 근데 그게 순식간에 바꾸면서 데모 막는 부대로 갈지는 몰랐죠. 얼떨결에 갔고, 그러면 이제 순응하게 되잖아요. 시키면 시키는 대로 해야 되는 게 군인이다 보니까 그렇게 다녔죠.

면담자    군대에 가셨던 시기가 소위 노태우 정권 때의 공안정국이라고 그래서 (동수 아빠 : 제일 힘든 시기였어요) 정말 시위가 많은 시기였습니다. 91년에 강경대 열사에서부터 시작해서 11명이 죽어가는, 91년 봄이죠? 그 시절에 딱 군대생활을 하셨네요.

동수 아빠    제일 힘들 때 군대생활을 했고, 대한민국에서는 제주도만 빼고 다 가봤으니까.

면담자    그 격렬한 시위를 막는 역할을 하셨네요. (동수 아빠 : 네) 만감이 교차하셨겠습니다. 세월호 참사 이후에 유가족들이 촛불혁명 때도 항상 최선두에서 (동수 아빠 : 의경들이 나왔죠) 경찰들과 대치하면서 촛불혁명의 별동대 같은 역할들을 하셨거든요. 그 역할을 하시면서 젊은 시절, 의경 시절하고 겹쳐지면서 만감이 오가셨겠어요.

동수 아빠    많이 힘들었어요. 아이들은 시켜서 나오는 아이들인데, 아이들하고 싸워봐야 아무 이익 되는 게 없거든요. 그리고 아이들도 또 이걸 못 막으면 들어가면 또 엄청 깨지고, 그걸 알기 때문에 참 그때는 힘들긴 힘들었어요. 후배들을 보는 것도 그렇고, 우리는 또 가야 되는 입장이고, 걔네들은 막는 입장이다 보니까 그게 좀 힘들긴 힘들었죠.

면담자    아버님, 안산이라는 지역을 택하신 이유는 무엇이었어요? 일과 관련된 것이었습니까?

**동수 아빠**　군대 제대하고 이제 딱히 할…, 취업 준비를 하고 있는데 그때 마침 안산에 외삼촌들이 계셨었어요. 같이 일해보자 해서 올라왔다가 따로 직장을 잡았죠. 외삼촌은 여기서 터를 잡고 계셨고, 그래서 외삼촌 소개로 회사를 들어가게 됐죠. 그렇게 해서 올라오게 됐죠.

**면담자**　그러면 주로 어떤 일이셨어요?

**동수 아빠**　공장 다 똑같잖아요. 그래서 수출하는, 난로 수출하는 회사에서 일했어요.

**면담자**　그러면 실제로 난로 제조나 이런 제조공정에 참여하셨어요?

**동수 아빠**　네, 판금부터 조립까지 다 했었습니다.

**면담자**　몇 년 정도 하셨습니까?

**동수 아빠**　10년 했어요.

**면담자**　10년. 그러면 90년대 초반에 오셨으니까 2000년대 전반까지 같은 회사에서 난로 만들고 하는 일을 계속하셨네요. 그사이에 동수 어머니를 만나셨겠어요. (동수 아빠 : 네) 언제쯤이서요?

**동수 아빠**　(웃으며) 글쎄요. 제가 스물아홉에 결혼을 했으니까 28살에 만났나? 아마 그 정도 될 거예요. 1년 안으로 교제를 하고 결혼을 했으니까. (면담자 : 소개로 만나셨어요?) 네, 회사에서 동생이 소개를 시켜줘서.

면담자    종교 활동이나 이런 거는 (동수 아빠 : 없습니다) 전혀 없으셨어요? (동수 아빠 : 네) 그러면 회사 다니시면서 주로 뭐 하고 노셨어요? (웃음)

동수 아빠    회사가 좀 바빠요, 수출하다 보니까. 그때 당시에는 보통 끝나는 게, 작업 끝나는 게 2, 3시였어요 평균적으로 시간이. 토요일, 일요일도 특근을 많이 하고. 그니까 처음 4년은 기숙사 생활, 3년? 4년? 3년 기숙사 생활을 했고, 그 이후에는 따로 나와서 방을 얻어서 생활을 했고…. 그러면서 이제, 그때 한창 공단에 축구 열풍이 좀 있었어요. 그래서 이제 회사에서 축구부를 만들어서 조직적으로 축구 활동, 축구도 좀 차면서 족구도 하고 그런 활동들을 좀 했었죠, 그때는.

면담자    그게 이제 동수 어머님 만나시고 하는 정도 시점이면 이미 기숙사에서 나와서 산 지도 꽤 되시고 하니까 일종의 친구 관계라든지, 공단이나 동네에서 사람들과의 관계라든지 이런 것도 좀 생겼을 거 같은데….

동수 아빠    동네에서 친구는 없었고, 이제 회사생활을 아까 말씀드렸다시피 너무 늦게까지 계속 그 작업을 하다 보니까 친구를 사귀고 할 시간은 없었고, 이제 회사 동료들이 좀 많았죠. 또래들도 좀 있었고, 후배들이 좀 많았죠.

면담자    회사에 동료들하고 축구하시면서 뭐 여러 가지….

동수 아빠    축구도 하고 낚시도 좀 다니고 그런…, 회사생활이 다 그렇죠.

## 4

## 아들과 충분히 시간을 보내지 못한 데 따른 아쉬움

면담자    그러면 동수를 결혼하고 조금 있다가 낳으셨어요? 언제쯤 낳으시게 됐어요?

동수 아빠    동수 낳고 결혼을 했어요.

면담자    아, 그렇네요. 시기가 그렇네요, IMF 때 낳은 애들이니까. 그러면 동수 낳고는 이제 아이가 생기니까 생활이 많이 바뀌셨겠어요.

동수 아빠    아, 뭐 생활이 바뀔 건 없어요. 그때 이제 [나중에] 좀 바뀌었[죠], 초기 때는 바뀐 게 없고, 나중에 이제 그 회사를 나와서가 힘들었죠. 회사에서 좀 안 좋은 일이 있어서 싸우고 나와서 그 이후에 좀 힘든 생활을 많이 했죠.

면담자    동수 엄마는 일은 안 하셨나 보죠, 그러면?

동수 아빠    그때는 일을 안 했죠.

면담자    동수를 낳고 난 다음에, 그러니까 동수 어머니랑 결혼하시고 가정을 꾸리신 다음에 주말은 어떻게 보낸 걸로 주로 기억이 나십니까?

동수 아빠    제가 주말을 거의 못 쉬고 일을 했고, 주말은 쉬어봐야 잠자기 바빴고, 놀러도 그렇게 많이 못 다녔어요, 워낙에 쫓기다 보니까. 좀 그런 게 좀 있었고, 그러면서 회사 나오고 이제 생활[이] 어려워지면서 동수 엄마가 일을 시작했고, 그러다 보니까 서로가 일정이 안 맞으니까 휴가 때 빼고는 놀러 간 적이 별로 없어요.

면담자   아버님이 그러면 한 2000년대 전반, 초반 정도부터는 일을 관두시고 새 삶을 찾게 되셨을 텐데, 그 뒤에 많이 어려웠다는 건 주로 어떤….

동수 아빠   제가 회사를 나오고 나서 일정한 수입이 없다 보니까 노가다를, 그러니까 회사 들어가기가 좀 그래서 노가다를 시작했었어요. 노가다라는 게 일정 수입이 없잖아요. 그러다 보니까 좀 경제적으로 많이 어려웠고, 그래서 그때 당시 좀 많이 힘들었죠.

면담자   그래도 동수가 커가면서 애가 말하게 되고 운동도 좀 할 줄 알게 되고 그러면 특히 아빠와의 관계는 여러 가지로 새로운 즐거움일 수 있는데, 그런 경험은 많이 하셨습니까?

동수 아빠   많이 못 했어요. 아까도 말씀드렸지만 그런 즐거움을 솔직히 모르고 살았어요. 그니까 동수하고 이렇게 살갑게 지낸 시간이 그렇게 많지는 않아요. 맨날 늦은 잔업에, 회사 다닐 때는 늦은 잔업, 그리고 이제 그거 끝나고 노가다 할 때는 대부분 다 외지[에] 가서 생활하잖아요. 그러다 보니까 그렇게 많은 시간을 못 보냈던 게 가장 한스럽게 생각하는 것 중의 하나였어요.

면담자   투표는 하셨었어요? 지금 말씀하시는 그런 시기에, 안산에 올라오셔서?

동수 아빠   투표는 했죠. 투표는 뭐 꼬박꼬박 했었으니까.

면담자     그러면은 지지하는 정당도 있고? (동수 아빠 : 네) 그래서 투표하고 한 거에 대해서 후회하거나 그러시진 않으셨어요?

동수 아빠     후회는 한 번도 해본 적은 없어요. 그 사람이 떨어졌건 붙었건 간에 투표를 해서 후회한 적은 없어요.

면담자     동수 얘기를 조금 더 하고 싶은데요. 시간이 많지 않으서서 많이 놀아주지 못해 그게 제일 아쉽다고 말씀을 하셨지만 그래도 기억에 남는 일들이 어느 정도는 있을 거 같아요, 몇 가지씩. 뭐라도 좋으니까 말씀을 해주세요.

동수 아빠     일단은 초등학교 때는, 그때 둘 다 맞벌이[를] 시작할 때 즈음에 초등학교[에] 애들[이] 다닐 때니까, 집에서 동수가 이제 ○○를 챙겨주는 거, 많이 챙겨줬죠. 그러한 과정 중에서 사고도 있었는데, 다행히 그 사고는 잘 마무리됐는데…, 가장 기억에 남았던 것은, 아마 회사[에] 다니고 있을 때 밤에 이제 늦게까지 작업을 하고 있었어요, 동수 엄마도 잔업을 하고 있었고. 그런 와중에 라면을 끓여다가 ○○이가 라면 물[을] 엎어서 화상이 난 적이 있었어요, 어렸을 때. 근데 그때 보통 중학생쯤 되면 무서워서 어떻게 할지를 잘 모르는데, 그때 응급처치를 참 잘했어요. 바로 양말 벗기고 찬물로 해서 소독시켜 주고…. 그 응급처치가 잘되어서 지금 화상 자국이 거의 없거든요. 그런 걸 본다 그러면은 참 기특했어요. 그래도 '아, 동수를 가진 보람이 있구나'[하고 생각했어요]. 그러면서 중학교 2학년 때인가 자기 진로를 얘기하더라고요, "나는 로봇을 좋아하니까 로봇 쪽을 하고 싶다"[라고]. 그런 걸 본다 그러면은 참 아빠로서는 뿌듯했죠. 그런 고민을 지가 하고 진로를 정한다는 거 자체가 쉽지 않은 건데, 진로를 지가 정하고 지가 나름대로 공부를 하고 그런 거에 대해서 아빠로서의 해준 거는 없지만은 상당히 고마웠죠.

면담자    아버님, 어머님이 열심히 일하시고 아이들이 잘 성장할 수 있도록 뒤에서 버팀목이 되어주신 거에 대해서 아마 동수 스스로가, 우리는 어리다고 생각하지만, 자기 생각을 가지고 되게 뿌듯해하고 있었을 거 같아요. 그러니까 아버님한테 상의를 했겠죠. 지금 상당히 많은 얘기를 해주셨습니다만 동수는 고등학교 때까지 어떤 아이였어요, 아버님 기억에는?

동수 아빠    너무 순진했어요, 애가. 그러니까 초등학교 때, 초등, 중등, 고등까지 가면서 그중에 왕따 학생일 수도 있었어요. 그러니까 초등학교 때, 뭐라고 해야 하나, 실수를 해서 그게 좀 여파가 커 가지고 따를 좀 당했었어요. 근데 덩치에 비해서, [덩치가 있으니까 충분히 그걸로 커버할 수 있는데, 그렇다고 마음이 여리다 보니까 그걸 커버를 못 하고 좀 많이 따를 당했었죠. 그러고 고등학교 때 싸우기도 했었고, 친구들이 괴롭혀서. 근데 왜 안 때렸냐고 물어보니까 자기보다 쪼그만데 어떻게 때리냐고 이렇게 얘기를 하더라고요. 그런 걸 본다고 그러면은 마음이 여린 아이[였던 거 같아요].

면담자    동수 어머니는 동수를 정말 귀히 여겼던 거 같던데? 아버님이 보시기엔 어떠셨어요?

동수 아빠    귀히 여겼죠. 동수가 장손이었고, 그다음에 태어날 때도 좀 힘들게 태어났어요. 너무 적게 태어났거든요. 그래서 고생치레도 많이 했어요. 어렸을 때 태어나서 얼마 안 있다가 인천 길병원까지 응급실로 실려 간 경우까지 생겼었으니까, 많이 힘들어했었어요. 그러다 보니까 더욱 애지중지했고, 동수 엄마가. 잔병치레를 많이 [한 편이었어요].

면담자　　　태어날 때는 되게 약했는데 아주 잘 자라준 거네요. 동수가 키도 꽤 크고 덩치도 꽤 있죠?

동수 아빠　　186[cm]에, 고등학교 2학년이니까, 186에 92킬론가? 상당히 큰 편이었죠, 체격도 있고.

면담자　　　작게 태어나고 어릴 때 응급실까지 간 아이가 그렇게 정말 늠름하게 커줘서 (동수 아빠 : 정말 고마웠죠, 더할 나위 없는…) 동수를 향해 참사 전에 아버님이 바람이 있었다면 뭐였을까요?

동수 아빠　　참사가 아니라 계속 했다면은[살았다면] 저는 [동수가] 자기 갈 길을 제대로 잘 찾아갔으면 하는 바람이 있었거든요. 지가 원하는 걸 하겠다고 했으니까 거기에 얼마 정도 보태줬을지는 모르겠지마는 그 길을 가겠다고 했으면 아마 [열심히 밀어줬을 거예요].

면담자　　　동수가 수학여행 가기 전까지도 아버님은 그러면은 어떤 직장에 계속 다닌다든지 이렇게는 안 하셨나요? (동수 아빠 : 직장 다녔죠) 아, 다시 다른 직장으로 가셨네요?

동수 아빠　　직장을 좀 많이 옮겼어요. 노가다 하다가 인쇄소 가서 하다가, 인쇄소가 이제 시화에 있다가 이사를 갔어요, 회사가 좀 멀리. 충청권으로 이사를 가다 보니까 거기까지는 갈 수 없고, 그래서 이제 다른 회사를 들어갔죠.

**면담자**    회사를 조금 옮기시긴 했지만은 계속 안산에서 회사생활을 하신 거네요. 어머님, 아버님께 안산이라는 지역은 어떻게 느껴지셨습니까, 참사 나기 전에?

**동수 아빠**    그냥 일단은 공기 좋고. 공기도 썩 좋은 건 아니지만 '다른 도시에 비해서 공기는 좋고 살 만하다'라는 게 그때는 기본 입장이었는데 지금은…….

**면담자**    어쨌든 안산은 일을 할 것도 이래저래 꽤 있고, 물가도 싸고 환경도 좋고 참 살기 좋은 곳이었다는….

**동수 아빠**    일단은 공원이 많다 보니까 그게 마음에 들었어요. 여러 가지 아파트나 빌라 주변 단지에 녹지가 좀 많으니까 그게 일단 저한테는 좋았어요.

**면담자**    이사는 몇 번이나 다니셨습니까?

**동수 아빠**    이사는 지금까지 딱 세 번이요. 그러니까 동수 사고 나기 전에 좀 무리를 해서 시화로 이사를 했어요. 동수하고 17년을 한집에 살았는데 동수가 거실, 그다음에 ○○이가 작은방, 우리가 안방 이렇게 생활하는데 동수도 방이 필요하고 그래서 좀 무리를 해서 시화로 이사를 했죠, 방을 하나씩 주려고. 그러다가 사고 이후에 계속 거기에서 살기가 그런 것도 좀 있었고, 동생 ○○이가 학업을 미술로 하다 보니까 안산시로 나오게 돼서 총 세 번 이사했죠. 아, 두 번 이사 했네요, 두 번.

## 5

## 참사 소식을 접하고 진도로 내려갈 때까지의 경험

면담자          수학여행 얘기로 이어갔으면 좋겠는데요. 수학여행 가기 전에 아버님은 학교에서 수학여행과 관련해 설문조사를 한다든지 등등에 대해 알고 계셨습니까?

동수 아빠          알고는 있었는데 집사람이 다 했죠. 알고만 있었고 그거에 대해서는 관심이 없었으니까…. 다 수학여행 갈 시기이고 그래서 뭐 동수 엄마한테는 다 얘기는 해놓은 상태이니까….

면담자          그러면은 수학여행 가기 위한 준비라든지 이런 것도 아마 다 어머니가 하셨을 거고, (동수 아빠 : 아니, 동수 혼자 준비 다 했어요) 아, 그래요?

동수 아빠          네. 둘 다 그때 당시 직장생활을 하다 보니까 동수 혼자서 짐을 쌌고, 대충 옷은 사준 게 있으니까 뭐 뭐 가지고 간다는 건 알고 있었고…. 수학여행 가기 전날에 시내 나가서 이세 옷을 샀죠. "수학여행이니까 새 옷 입고 가라" 해서 바지, 티셔츠, 잠바 이렇게 해서 새 걸로 샀죠.

면담자          아버님이 돈을 좀 쓰셨네요, 수학여행 간다고 그날. 엄청 좋아했겠어요. (동수 아빠 : 많이 좋아했죠) 수학여행 떠나기 전에 아버님, 어머니랑 동수가 함께 나들이한 마지막이었겠네요. (동수 아빠 : 마지막이에요) 기억에 많이 남으시겠어요, 그 장면이. 어디로 가셨어요?

동수 아빠          시화[에서] 사니까 이마트 갔었죠.

면담자    배가 출발하느니 마느니 이래 가지고 아버님하고 동수하고 통화가 있었습니까, 출항하기 전에?

동수 아빠    출항하기 전에 통화를 했죠. (면담자 : 아버님하고도?) 네, 잘 갔다 오라고.

면담자    동수가 걱정스러운 얘기는 없었습니까? (동수 아빠 : 네, 그런 얘기는 없었어요) 워낙 늠름한 친구니까 아버님께 구체적인 얘기는 안 하고…. 안개 때문에 출항하니 마니 해서 얘기가 많을 때였잖습니까? 전혀 감지를 못 하셨겠네요. (동수 아빠 : 전혀 못 했죠) 그러다가 사고가 발생했다는 거는 어떻게 들으셨어요?

동수 아빠    그날따라 평소에는 핸드폰을 가지고 있다가 그날따라 내가 핸드폰을 다른 데 놔뒀었어요. 그래 가지고 회사[에서] 쉬는 시간에 그 사고 소식을 접했죠. 너무 늦은 시간에 사고 소식을 접해가지고…. 그리고 또 집사람도 바로 전화를 못 받았던 거고…. 문자…, 동수가 동수 엄마한테 문자 날린 것 받고, 그 이후에 10시 넘어서 사고 소식을 알았으니까 너무 늦었죠.

면담자    동수가 뭐라고 문자를 보냈어요?

동수 아빠    "배가 45도로 기울었는데 괜찮겠죠?"라는 게 마지막.

면담자    문자는 하나였어요? 45도로 기울었으면 참 절박한 상황이었겠네요. 그러면은 그 소식을 접하고 진도까지 내려가게 된 과정이 있을 텐데 쭉 회고하듯이 말씀해 주시면 감사하겠습니다.

동수 아빠    그래서 그 소식을 이제 동수 엄마한테 듣고 일단 학교로 갔죠, 어떻게 된 상황인지 정확하게 파악을 해야 되니까. 학교로 가니까 강당에 사람들이 모여 있더라고요. 모여 있는 상황에서 설명을 하시더라고요, 그때 오보가 나왔을 때니까. "단원고 학생들 전원 구조하고 있다"라는 기본적인 입장을 계속 [전달]하고 있었고, 이제 거기서 소식을 기다리고 있는데, 강당에서 안산 시장이, 바뀌기 전 시장이 와서 그 얘기를 하고 내려가고, 그다음에 다른 사람이 올라와서 이제 "구조 중이다"라는 얘기를 계속하는 도중에…, 그때 빔을, 빔 프로젝터에서 뉴스가 나오고 있었어요.

근데 그때 자막에 "단원고 학생 67명 구조" 이렇게만 뜨더라고요. "어? 전원 구조라던데 왜 이렇게 뜨지?" 하고 이제 물어봤죠, 사회자한테, 마이크를 든 분한테. 모르는 거예요. 그 방송을 못 보신 거예요, 그분이. "왜 거짓말하냐" 그래서 그때 단원고에서 처음으로 아마 싸움이 일어난 게 아마, 제가 그때 당시 처음으로 이제 폭력을 행사했죠 거기서, 학교에서. "왜 거짓말을 하냐" 그래서 그 사람하고 폭력적으로 해서 거기서 마무리되고, 교장실로 가서…, 아니다 교무실로 갔죠. 교무실로 가서 "그럼 학생들이 어디가 있냐?" 물어보니까 진도체육관에 있다는 거예요. "그러면 진도체육관 위치가 어디냐?" [하고 물었더니] 진도체육관 위치를 모른다는 거예요. "알았다. 일단 진도로 가면 되냐?" 그랬더니 된다고 하더라고요.

바로 차 몰고 진도로 내려가게 됐고, 진도체육관에 딱 도착하니까 이제 학생들이 있더라고요. 학생들[을] 다 둘러봤는데 [동수는] 없고, 그래서 이제 그때 당시 거기 체육관 구석에 상황실에 가서 물어봤죠. "학생들 이게 다냐?" 하고 물어보니까 "학생들이 한 90명 정도가 해서 배를 타고 나오고 있다. 1시간, 2시간 정도 기다리면 올 거다"라고 얘기를 하더라고요. 그러고 있는 사이에 이제 관광버스가 내려오게 됐고, 이제 거기서 상황이 크게 전개가 됐죠.

## 6
## 참사 초기 팽목항에서의 경험

면담자       학교 강당에서 내려오셔서 교무실에서 진도체육관 등에 대해 묻고, 답이 안 나오니까 출발을 먼저 하셨네요. (동수 아빠 : 네) 대충 몇 시쯤 출발하신 거 같으세요? (동수 아빠 : 12시 전에 출발했죠) 동수 어머니랑 두 분이 개인 차로 먼저 내려오신 거네요. 진도체육관에는 그 상황실 이외에 뭐가 있었습니까?

동수 아빠       상황실 이외에 딱 도착하니까 부스가 차려져 있고, 뭐 여러 가지 부스가 차려져 있고, 그다음에 진도체육관 앞에 명단이 붙기 시작했어요, 명단 다 찾아보고…. 초창기, 처음에는 그게 다였어요. 명단 찾아보는 게, 명단 붙이는 게 그게 다 일이었기 때문에…, 명단 찾아보고, 없고, 그래서 그 사람들한테 물어봤고, 그리고 나중에 "지금, 이제 여태까지 온 학생들이 다다" 해서 거기서도 한바탕 큰 사고가 있었고…. 그러고 나서 이제 부모님들이 "아, 여기서 기다리면 안 된다. 팽목항으로 가자" 그래서 이제 그 관광버스 세 대가 팽목항으로 간 거죠.

면담자       안산에서 버스 타고 내려온 부모님들이 합류한 다음에 거의 저녁쯤 되어서 팽목으로 옮기셨겠네요?

동수 아빠     그렇게 저녁은 아니고 5시인가 6시 정도 됐을 거예요,
그 시간대가.

면담자     그래서 버스 세 대 정도로 나누어 타셔서 (동수 아빠 :
네, 전부 다 팽목항으로) 팽목항으로 가신 거네요.

동수 아빠     팽목항[에] 가니까 뭐 상황실도 없었고, 텐트가 그때 세
동 쳐져 있었고, 가족들끼리 모여서 이제 얘기를 하고 있었죠. 어떻
게, 이런저런 얘기, 뭐 계속 어떻게 가야 될지 그런 얘기를 계속하고
있었죠.

면담자     그러면 초기에 거기서 주로 어떤 분들하고 얘기를 하셨
어요?

동수 아빠     전체적으로 거의 다 차에서 오신 분들끼리 모여서 다
얘기를 하고 있었죠.

면담자     그때는 아직은 누가 좀 중심이 되어서 주로 얘기를 한
다든지 (동수 아빠 : 그런 건 없었어요) 이런 시기는 아니었네요. 논의를
시작했다면, 어쨌든 해경이라든지 이야기할 상대가 있어야 될 거 아
니에요?

동수 아빠     그래서 팽목항에 가니까 파출소 소장이 나와 있더라고
요. 소장한테 이제, 소장을 잡고 물어봤죠. "어떻게 된 상황이냐?" [하
니까 소장은 모른다는 거예요. 그러고 소장은 모르니까 거기서 소장
쫓아내고, 이제 "알 수 있는 사람을 데려와라" 그래서 그런 사람 중에

그때 서해청장인가? 서해청장이 왔어요. 서해청장하고 본청장하고 그리고 이주영 장관[이] 그때 오고. 그래서 이제 팽목항에서 첫 브리핑을… 아, 아마 듣지를 못했을 거예요. 진도체육관에서 브리핑을 했고, 팽목항은 그때 브리핑이 따로 없었으니까.

면담자   그러면은 그때는 본청장이야 뭘 잘 모를 거고, 서해청장이나 아니면 목포서장 같은 사람이 팽목항에서 같이 논의를 한다든지 이런 것은 (동수 아빠 : 그건 없었어요) 16일 당일은 없었어요? (동수 아빠 : 아무것도 없었어요) 그럼 16일 밤에는 어떻게 하셨어요?

동수 아빠   밤에는 그래서 "이제 근처로 가자, 침몰한 데로" [했더니], 그때 누구하고 어떻게 얘기했는지, 아무튼 해경이 "배를 대주겠다"[라고 이야기가 된 거예요]. 부모들이 이제 일부 배를 빌려서 나간 부모들도 있고 그러다 보니까 배가 없잖아요. 이제 해경에게 요청을 했죠, "우리 나가야 된다"[라고]. 그래서 해경 배를 빌려서 그날 저녁에 바다로 나갔죠. 근데 아무것도 안 보이는 거예요, 바다에.

면담자   몇 분이나 나가셨습니까?

동수 아빠   그때 꽤 많이 나갔죠, 배가 세 척이 나갔으니까. 한 7, 80명 정도 나갔을걸요.

면담자   그러면은 이제 그 침몰 현장 주변까지 가셨겠네요. (동수 아빠 : 네) 밤일 테니까 아마 막 조명탄 터트리고? (동수 아빠 : 그런 것도 없었어요) 그래서 배를 타고 가서서 어떻게 하셨어요?

동수 아빠   일단 근처까지 가서 배가 저기 있다라는 걸 서치라이트로 보여주고, 주변 보여주고, 수색을 하고 있다라는 게 기본적인 설명이었고요. 그리고 나서 한 30분에서 1시간 정도 있다가 들어왔어요. 나가는, 그때 나가는 데만 해도 꽤 시간이 걸렸어요, 그때는 쾌속정이 아니다 보니까, 2시간 이상 나갔으니까.

면담자    그러면 그때는 아이들을 구조하고 있다는 느낌의 어떤 움직임을 보셨어야 되는데 그런 걸 발견할 수 있었습니까? (동수 아빠 : 없었어요) 아무것도 없었어요? 당연히 바지선은 도착하지 않을 때였고, 배들만 주변에?

동수 아빠    뭐 보트정만 몇 대만 왔다 갔다 하는 거가 다였으니까.

면담자    항의 같은 건 안 하셨어요?

동수 아빠    했죠, "뭐 하고 있냐"[라고]. 잠수사가 들어갔다는데 눈으로 확인할 방법이 없잖아요, 그 깜깜한 밤에.

면담자    그러다가 다시 팽목항으로 밤에 돌아오셔서 텐트에서 아침까지 기다리셨겠네요?

동수 아빠    텐트가 없었다니까요. 밖에서 그냥 그 하늘을 이불 삼아 그러고 있었어요. 거의 안 잤어요, 가족들이. 텐트에 들어갈 수 있는 인원이, 다 못 들어가니까. (면담자 : 텐트가 세 동 쳐 있는 상태였어요?) 그니까 의료 부스하고 그다음에 부품, 아니 아니 자원봉사 부스하고 몇 개 있었으니까 그 안에 들어갈 수 있는 상황이 아니었죠. 이제 그렇게 하면서 "텐트를 쳐라"라고 얘기를 했고, 텐트가 바로 쳐지진 않았고 다음 날인가 다다음 날인가에 목포, 목포 시청 직원들[이]

와가지고…, 그다음에 정부 측[이] 왔더라고요. 그래서 처음에 가족들이 [정부 관계자에게] 권유한 게 "아이들이 올라오면은 누구 아이인지 모르니까 안치 장소를 일단 마련해야 되지 않냐"[라는 거였어요], 저희는 한꺼번에 다 올라올 줄 알았으니까, 그 당시에는. 그래서 그때 텐트를 치기 시작했어요, 그때서야. 근데 아이들이 안 오니까 부모들이 갈 데는 없고, 그래서 이제 안치소로 부모님들이 들어가서 생활을 하게 된 게, 바로 그 텐트가 결국 부모님 숙소가 된 거죠.

면담자　거의 밤을 꼴딱 새우셨을 텐데, 17일, 18일부터는 뭔가 상황이 많이 바뀌었죠, 팽목에. 어떻게 보셨습니까?

동수 아빠　팽목 상황을 잘 몰라요, 그러니까 그때 저는 거의 바다에 가 있었으니까 계속. 배에, 그러니까 해경 배를 타든 뭔 배를 타든 계속 바다로 나갔으니까, 상황을 알아야 되니까, 모르잖아요 상황을. 그래서 17일 날은 하루 종일 사고 해역에 나가 있었고, 18일 날도 마찬가지고 사고 해역에 나가서 (면담자 : 주로 해경 배를 타고?) 네. 상황을 지켜보는 거예요, 어떻게 작업을 하고 있는지, 뭘 하고 있는지….

면담자　바지선이 최초로 들어온 게 며칠인가요?

동수 아빠　정확히 기억은 안 나는데 20일인가? 언딘 바지가 그때 아마 들어왔을 거예요. 그래서 처음에 언딘 바지[가] 들어온 날 처음으로 올라간 게 저였으니까, 언딘 바지에도. 언딘 바지에서 생활을 또 했고.

면담자　언딘 바지선이 들어오기 전에 좀 작은 바지선이 있지 않았어요?

동수 아빠     네, 작은 바지[가] 있었어요. 근데 거기에는 인원이 올라갈 수 있는 상황이 아니었고, 계속 이제 배 위에서만 있었죠, 배를 대기시켜 놓고.

면담자     그러면 주로 18일부터 본격적으로 잠수를 시작했을 텐데….

동수 아빠     18일부터? 본격적인 잠수는 18일부터 된 게 아니라 언딘 리베로가 온 다음에 본격적인 작업이 시작된 거고. 그 전에는 아예 시늉만 한 거죠, 시늉만. 들어갔다 나왔다….

면담자     나중에는 그 잠수사들하고도 많이 알게 되셨겠네요. 전광근 잠수사가 제일 먼저 들어갔었습니까, 어땠습니까?

동수 아빠     그때는 그게 누구였는지 모르죠. 누가 제일 처음에 다이빙했는지도 모르겠고, 아무튼 들어가는 건 봤는데 누군지는 모르죠. 그때 당시 잠수부들하고 얘기를 안 했어요, 그때는. 가서 잠수하는 거 보고 브리핑 듣고, 작업이 어떻게 진행되는지 그거 관찰하고 그게 다였어요. 잠수사하고 얘기하는 생각은 전혀 안 했었어요.

면담자     전광근 씨가 제일 먼저 내려왔고, 또 거기서 공우영 잠수사 팀한테 전광근 씨가 전화 연락을 해서 그 팀들이 자원해서 모인 서잖습니까? 근데 그때는 그런 것을 파악할 수 있는 상황은 아니었고….

동수 아빠     그 당시에는 그 어느 누구도 그걸 파악할 수 있는 상황은 아니었죠.

면담자　　　　그럼 언딘 바지가 들어왔을 때는 매일 언딘 바지로 올라가셨겠네요. (동수 아빠 : 매일 올라갔죠) 어떻게 동수 아버님께는 그게 허용이 됐네요?

동수 아빠　　　아니요, 그때는 가족끼리 돌아가면서 올라갔어요, 계속. 아버님, 아버지들끼리 팀을 짰어요. 며칠은 누구, 누구 이렇게 팀을 짜놨었어요. 그래서 계속 교대로 돌았었어요.

면담자　　　　그래도 언딘 바지는 사이즈도 크고 그 안에서 잠수사들이 쉴 수도 있고, 챔버도 있고 그런 상황이었죠?

동수 아빠　　　근데 그런 쉴 수 있는 공간은 없었어요, 잠수사들이. 아직 완공이 안 된 배다 보니까 여러 가지 부족했던 게 많았고, 화장실부터 시작해서 세면장부터 좋은 건 하나도 없었어요. 저희가 가는 게 나중에는 부담이 많이 됐어요. 잠수사가 쉴 공간을 우리가 하나를 차지해서 쓰기 때문에 많은 부담을 안고 가족들이 들어갔으니까.

면담자　　　　보셨을 때 어떠셨습니까, 잠수사들의 활동이?

동수 아빠　　　그때는 '잠수사들 참 열심히 한다, 열악한 환경 속에서도' 그런 생각을 가지고 있었죠. 근데 그런 생각을 가지고 있음에도 불구하고 처음에 안 좋은 기억이 뭐냐면은 제가 언딘 바지를 처음 들어갔을 때, 설명을 해주고 제일 처음에 얘기가 나온 게 뭐냐면…. [잠수사들이 쉬는 숙소를 들어갔어요, 숙소를 들어가면서 설명을 듣고…, 숙소 딱 들어가니까 "인양 업체다"라는 말을 제일 처음에 한 게 바로 언딘 사람들이에요. 그러다 보니까 '아, 이 사람들을 믿어야 되나?' 아니, 수색도 시작하기 전에 인양부터 하겠다는 얘기를 하니까, 그니까 저희들한테는 그게 반감이 된 거죠. '아니, 아이들 하나도 못 찾았는데 인양을 하자? 어떻게 알고 인양을 해?' [하고] 반감이 그때부터 반감이 커졌죠 그때부터, 언딘이라는 그 자체에. 그런 얘기를 안 했으면 좀 되는데, 오자마자 이제 인양부터 하자는 얘기를 가족들한테 스스럼없이 하니까, 반감이 많이 생겼죠.

면담자        언딘 바지에서 관찰을 하시다가 밤에 팽목으로 나오시면 거기서 또 여러 가지 이야기가 돌 거 아니에요. 주로 어떤 이야기들이 돌았어요?

동수 아빠        처음에는 애네들이 살아 있다는 얘기를 했고, 이제 그 뒤로는 애들이 이제 뭐 다 그렇게 됐다는 걸 알고, "아이들이 왜 안 나오냐?" 이제 그게 첫 시발점이었죠. '아이들이 분명히 배 안에 다 있을 건데 왜 못 찾지? 왜 안 나오지?' 뭐 나와야 한 명, 두 명, 많이 나오면 뭐 세 명 나왔으니까, 처음에는. 의심을 했죠, '일부러 안 꺼내는 거 아니냐?' [하고요]. 그래서 막 이리저리 돌아다니면서 찾으러 다니고, 그니까 배가 나올 수 있는 곳은 디 돌아다녀 봤으니까.

그런 상황에서 있으면서 이제 그때 누구더라? 아무튼 해경 쪽에서 국장이 하나가 왔어요. 근데 그 사람이 이제 상황 설명을 해주다가, 그때 한창 구원파가 또 했었잖아요[문제였잖아요]. "구원파에서 왔다. 구원파에서 심은 사람이다" 해가지고 그 사람[을] 쫓아낸 기억[이 있어요], 그 이름은 생각이 안 나는데[이용욱 해경 정보수사국장]. 그렇게 해서 애들이 올라오면 다 병원으로 가잖아요. 병원으로 그날, 그날 며칠날이더라? 이십 며칠인데 애들이 다섯 명이 올라왔어요, 새벽에. 그때 병원을 확인해 보니까 시신이 다섯 명이 왔으면 다섯 명이 되어야 하는데 여섯 명이 된 거예요. '어? 시신[을] 빼돌렸구나' 우리는 이렇게 생각했어요. 그러니까 해경 측에 물어보니까 해경도 모르는 거야, 왜 여섯 명이 됐는지를.

그래서 이제 계속 수소문을, 전부 수소문을 했어요. 나중에 알고 보니까 시신이, 애가 바뀌어서 안산에 갔던 애가 다시 내려온 거예요. 그걸 해경이 그런 것도 모르고 있었다는 거죠. 그래서 저녁 내내 거기 다 돌아다니고 병원[을] 다 뒤지고 다니고 그랬었어요.

면담자    언딘 바지선에서 잠수를 한 분들이 아닌 다른 자원봉사 잠수사들은 투입되지 못하게 막았다, (동수 아빠 : 네, 막았어요) 뭐 그런 소문도 많았잖습니까? 그거는 어떻게 보시고 계셨어요?

동수 아빠    그 언딘 리베로가 들어오고 나서 그다음에 누구죠 그게? 이××씨인가? 이××씨가 한 번 더 들어오잖아요. 이××씨가 들어오기 전에 유물 탐사선이 있었어요, 거기에. 그 언딘 리베로 옆에 유물 탐사선이 같이 작업을 했었어요. 그러니까 해경, 아니 해군, 그다음에 언딘, 그다음에 유물 탐사선 이렇게 세 팀이 작업을 하고 있었어요. 그러니까 해군은 선수, 그다음에 언딘 쪽은 중앙, 그다음에 유물 탐사선은 선미, 이렇게 맡아서 작업을 하고 있었는데 다음 날 들어가 보니까 유물 탐사선이 없어진 거예요. "어떻게 된 거냐?"[라고] 물어보니까 유물 탐사선을 내보내 버렸대요, 필요 없다고. 그런 식으로 많이 쫓아냈죠.

그러니까 그쪽 설명은 초보자들도 분명 있으니까 그럴 수도 있다[고] 생각하지만은 기존에 하던 사람들을 그렇게 내보낸다? [해서] 저희한테는 좀 많은 실망을 줬죠, 할 수 있는 사람들을…. 그러면서 이

××씨가 들어오면서 그게 좀 본격화됐죠, 이××씨가 언딘 리베로로 옆에 댄다고 하면서…. 아마 그때도 제가 있었거든요, 언딘 리베로에. 하루를 까먹었잖아요. 그래서 이××씨라면 저도 싫어요. 그 사람 하나 때문에 며칠을 까먹었는데요. 뭐 〈그날, 바다〉 그거 만들어가지고 홍보하고 다니고. 아무것도 모르는 사람들은 그 영화 잘 만들었다고 얘기하고. (면담자 : 〈다이빙벨〉이죠?) 네, 〈다이빙벨〉 잘 만들었다고 얘기하는데, 그건 다이빙 벨도 아니에요. 그리고 그것보다 더 큰 것도 있어요.

면담자    보도로는 그 다이빙 벨로 일정한 성과를 낼 수 있었는데, 해경이 다이빙 벨의 투입을 의도적으로 막았다, 영화에도 보면 배가 툭 치는 장면이라든지 이런 것들을 저희가 봤잖습니까? (동수 아빠 : 안 봤어요, 그 〈다이빙벨〉) 아버님은 다이빙 벨을 썼어도 실제로 효과를 낼 수가 없었다고 판단하신 거네요?

동수 아빠    네, 그것보다 더 큰 것도 얼마든지 있는데 왜 안 썼겠냐? 거기 조류는 그걸 사용할 수 있는 상황이 안 되거든요. 그렇게 되면은 밑에다가 말뚝을 박아야 되는 상황인데, 아무것도 모르는 상황에서 밑에다 말뚝을 박는다? 쉽지 않은 싸움이었죠.

면담자    결국은 스물몇 명의 언딘 바지선에 탔던 잠수사들이 상당수의 아이들을 올린 거잖습니까? 그냥 상식적으로 생각하면 '너무 적은 인원이 투입된 거 아니냐?' 이렇게 생각할 수 있는데, 쭉 배에 계셨던 아버님 입장에서는 어떻게 보십니까? 더 많은 인원이 투입되어서 본격적으로 할 필요가 있었다고 보십니까?

동수 아빠    더 많은 인원이 있어야 했어요. 그니까 그 사람들이 쉴 시간이, 틈이 없었어요. 그니까 옆에서 아까도 제가 말씀드렸잖아요, 그분들이 쉴 수 있는 공간을 우리가 차지하고 있는 것도 미안한데, 쉴 수 있는 시간이 많진 않다 보니까 계속 들어갔던 사람들이 들어가고 또 들어가고, 그게 마음 한편에 자리 잡고 있는데, 근데 미안한 마음은 있는데 일단은 제일 급한 게 아이들이잖아요. 내색을 할 수가 없었죠. 계속 저희는 닦달할 수밖에 없는 상황이었던 거죠.

면담자    바지선이 한 대 더 들어오기는 어려운 상황이었습니까? 현장에서 보셨을 때 어떠셨습니까?

동수 아빠    더 들어올 수 있는 상황이 되죠. 그 줄은, 그러니까 그 바지선이 들어오면 앵커를 내려야 되잖아요? 바지 줄을 내려야 되는데 충분히 그건 가능은 해요, 상황이.

면담자    꼭 풀어야 할 의문 중에 하나가 왜 바지선을 한 대 정도 더 투입하지 않았냐입니다. 그러니까 언딘 바지가 어느 정도 됩니까, 한 6, 70미터 되죠? 그럼 정확히는 모르지만 100미터 이상 되는 바지들이 한국에 꽤 있을 텐데, 그런 규모의 바지가 한 대 더 들어와서 같이 잠수를 좀 해줬으면 하는 아쉬움이… (동수 아빠 : 아쉬움이 있죠) 있거든요. 아버님도 그렇게 보십니까?

동수 아빠    마찬가지죠. 그 한 대 가지고는 힘들었으니까, 공간이 없었으니까, 계속 컨테이너 갖다가 올리고 뭐 하고 그런 시간도 많이 있었으니까 차라리 한 대 더 댔으면은 차라리 휴식 공간을 따로 배정할 수가 있었으니까, 옆에다 갖다 대면은 잠수 끝나고 사람이 여유가 있으면은 거기 가서 쉬고 다른 잠수사 들어가고 이게 가능했을 건데 그게 좀, 지금에 와서 보면 참 아쉬운 거 같아요. 그때 당시에는 그렇게 생각을 못 했었어요.

면담자    당시에는 그런 요구를 가족들이 하지는 않았네요, 바지선을 더 투입하라든지….

동수 아빠    그때 실종자 몇 명이 남았을 때는, 10명이 남았었잖아요, 그때는 한 대 가지고 충분했었으니까. 그 앞 전 상황을 본다면은 그때 당시에는 그것을 생각할 수 있는 시간이 저희들한테는 없었으니까…. 근데 지금 와서 생각해 본다면 한 대 정도 더 있었으면 하는 바람이 아직까지 남아 있죠.

면담자    바지선 두 대에 잠수사가 한 50명 투입됐으면 딱 맞는 규모였을 거 같은데 하는 아쉬움이 있더라고요. 아버님, 조금 휴식했다가 다시 하겠습니다.

(일시 중지)


## 7
## 가족들이 스스로 만들어간 상황 보고 체계


면담자    그럼 아버님은 진도체육관은 거의 안 가셨겠네요. (동수 아빠 : 진도체육관은 한 번 갔어요) 그럼 진도체육관에 대통령이 오고 등등의 상황에 대해서는 거의 경험이 없으시겠네요. (동수 아빠 : 네) 팽목에 있을 때는 누가 주로 왔습니까?

동수 아빠    팽목에 있을 때는 박근혜 한 번 왔었고, 나머지는 뭐 국회의원들 왔다 가고, 그게 다죠 뭐.

면담자    대통령이 왔을 때는 계셨어요? (동수 아빠 : 네, 있었어요) 어떠셨어요? 광경을 한번 떠올려 보신다면….

동수 아빠    그러니까 그때 박근혜가 온다는 얘기는 돌았었는데 언제 온다는 얘기는 없었고…. 아침에 이제 나오려고 나갔는데 조끼 입은 애들이 좀 왔다 갔다 해서 "뭔 애들이 왔다 갔다 하냐?"[라고] 물어봤죠, 이제. 그랬더니 대통령이 온다는 거예요, 박근혜가. 그러다 보니까 기자들이 쭉 들어오기 시작을 했죠. 그래서 그날도 아마 지랄을 한번 떨었을 거예요, "너네들이 여기 왜 들어오냐"고, 기자들이, "언제 제대로 방송 한 번 안 나가는[내보내는] 것들이 박근혜 온다니까 다 들어오냐"고 그러고, 기자[들을] 다시 쫓아내고 그러고 있으니까 길을, 경호원들이 길을 만들잖아요. 그리고 나서 박근혜가 들어오더라고요. 그때 그래 가지고 상황실에서, 텐트가 상황실인 거죠. 그때 가족들이 80명? 80명 정도 들어갔고, 그래서 이제 박근혜가 얘기를 했고, 그리고 나서 "최선을 다하겠다" 그러고 갔어요. 그게 다예요.

면담자    가족들이 대통령이 왔을 때 뭘 구체적으로 요구하고 이러지는 않았습니까?

동수 아빠    요구를 했었죠. 기억이 안 나요, 듣긴 다 들었는데. 아마 제일 처음에 우리가 얘기했던 게 "수색을 좀 빨리해 달라", 그리고 "최대한 인원을 동원해 달라"[는] 기본적인 입장은 계속 얘기했으니까요.

면담자       그 당시에는 박근혜 대통령에게 뭘 기대를 하셨습니까?

동수 아빠     기대요? 설마 저희들이 기대를 했다고? 저는 솔직히 기대 안 했거든요. 그날 저는 집사람이 안 말렸으면 아마 박근혜 때렸을 거예요, 꾹 참고 있었으니까.

면담자       박근혜 대통령이 오기 전부터 불신이 굉장히 강하셨네요, 그렇다면 대통령이 내려오는 것에 무슨 의미가 있다고 보셨어요?

동수 아빠     쇼, 쇼라고 봤으니까요. 대통령이 그렇게 했다, 만약에 박근혜가 제대로 했다 그러면은 그렇게 안 나섰죠, 거기도.

면담자       결국은 3, 4일 지나고 보니까 구조를 포함해서 팽목항의 여러 시설, 기타 등등이 뭐 하나 체계적으로 이루어지는 것이 없다 (동수 아빠 : 하나도 없었어요) 이렇게 유가족들이 보시잖습니까? (동수 아빠 : 네) 그 원인은 뭐라고 보셔요?

동수 아빠     정부가 대응을 못 하고 있는 거죠. 그때 당시 이 비상체제가 제대로 돌았다 그러면은 그렇겐 안 됐죠. 전부 중구난방이었으니까, 목포시는 목포시대로, 정부는 정부대로, 전남은 전남대로 다 따로 놀았으니까. 체계적으로 운영한 것은 자원봉사밖에 없을 거예요, 체계적으로 운영된 것은. 정부는 무정부상태였으니까요. 운영되는 게 하나도 없었어요.

면담자       식사 같은 건 어떻게 하셨어요?

동수 아빠     식사를, 밥을 먹은 게 10일 지나서예요. 첫 끼를 먹었을 걸요, 어거지로 그것도.

면담자　어디 가서 드셨습니까? (동수 아빠 : 팽목항에서) 밥차?

동수 아빠　네, 처음. 그때 처음 밥을 먹은 게 아니라 국물을 먹었죠, 밥은 안 넘어가고. 그게 아마 첫 끼일 거예요, 10일 지나서 먹은 게. 담배만 주구장창 폈어요.

면담자　그래도 몸이 어떻게 견디셨네요.

동수 아빠　그때는 그걸 몰랐으니까.

면담자　잠도 제대로 못 주무셨겠네요?

동수 아빠　잠은 그렇죠. 하루에 많이 자야 1시간? 그냥 배 타고 나가면서 쪽잠 자는 거, 그게 다였어요.

면담자　그 당시에 이제 진도체육관은 진도체육관대로, 팽목항은 팽목항대로 시간이 좀 지나면서 어머님, 아버님들이 일종의 조직 비슷하게 (동수 아빠 : 네, 만들었죠) 그런 것들을 만들었는데 그 광경에 대해서는 기억나는 게 있으십니까?

동수 아빠　처음에 그렇게 가족들끼리 얘기하면서 이튿날부턴가가 이제 주도적으로 나온 게, 1기 집행부가 주도적으로 나왔고, 주도적으로 1기 집행부가 팽목을 끌고 나갔죠.

면담자　빛나라 아빠 등 한 예닐곱 명 정도가 중심이 되어서 움직이기 시작한 거네요?

동수 아빠　그렇게 해서 움직였는데, 어느 조직이나 마찬가지일지는 모르겠는데 회의를 하잖아요. 해수부랑 해경이랑 다 모여가지고 회의를 하는데, 그 회의 내용이 가족들한테 전파가 안 됐어요 제대로, 제대로 잘 모르고. 결국에는 그게 이제 그러니까 21일인가 22일인가 제대로 전파가 안 되다 보니까 해경 이제, 가족 중에서 저하고 훈[장훈, 준형 아빠]이하고 그다음에 8반에 건우 아빠하고 '이거 안 되겠다' 그래서, 그때 당시에 목포 매표소가, 아, 팽목항 매표소가 상황실이었으니까, 거기서 회의를 하고 있는 상황을 그때 "해수부 장관, 본청장, 서해청장, 너네 나와라. 밖에서 브리핑을 해라. 밖에서 전체 가족들하고 얘기를 해라" [하고 요구해서], 그래서 끌어냈죠. 그래서 결국에는 이제 끌어내서, 그때 텐트가 상황실이었으니까 거기서 기본적인 설명을 해주는데, 거기다가 세 명을 앉혀놓고, 그다음에 엄마들이 그 주위로 앉고, 그 주위로 아빠들이 그쪽에서는 이렇게 해서 이제 밖에서 브리핑이 주로 이뤄지게 되는 거죠.

면담자 　　　브리핑 시간이나 이런 것들을 그때서야 정하기 시작했네요?

동수 아빠 　　　네, 그래서 "잠수 상황을 우리가 모르니까 텐트 안에다가 저쪽 상황하고 연결할 수 있는 사람을 데려다 놓고 무전기 갖다 놔라. 그리고 시간별로 적어라" 그래서 그게 시작이 된 거죠, 그렇게 해가지고.

면담자 　　　그러면은 1기 집행부 분들하고 따로 움직이신 거예요, 세 분은?

동수 아빠 　　　그러니까 처음에는 같이 가다가 이제 안 나오니까, 제대로 [된] 정보가. 그래서 결국에는 그렇게 앉혀 놓고 그렇게 하면서 1기 집행부 분들이 계속 그걸 이뤄놓긴 했어요. 다만 이제 전체적인 브리핑을 그렇게 하고 건의 사항도 거기서 바로 받는 걸로 그렇게 된 거죠 그게.

면담자        매표소에서 이루어지던 거를 이제 텐트로 끌고 나오신 거네요. 그래서 텐트가 상황실이 되고 텐트 주변에서 유가족, 실종자 가족들이 다 상황을 전파받을 수 있는 그런 체계를 21일부터 만드신 거고.

동수 아빠        아마 그때 정도 될 거예요.


# 8
## 기다림 끝에 동수를 찾아 치른 장례


면담자        동수가 나올 때까지 진도에서 보낸 기간이 사실 꽤 긴 시간이었잖습니까? 20일 정도 되는데, 제일 기억에 남는 것이 뭐가 있으세요?

동수 아빠        제일 기억에 남는 거요? 제일 기억에 남는 거는 별로 없는데, 추워서 떤 거밖에는 기억에 없어요. 제일 기억에 남는다라면은 삼호[중공업에서 나눠준] 우비! 왜 그러냐면은 거기 내려가서 그다음 날인가 비가 오기 시작했잖아요. 쫄딱 젖었거든요. 근데 거기가 아침, 점심, 저녁 날씨 기온차가 엄청 심해요. 그 우비를 입으니까 진짜 천국에 온 거 같더라고요, 그렇게 따뜻했으니까. 그게 가장 기억에 남아요. 그러니까 사람들이, 팽목에 있는 사람들한테 물어보면 제일 기억에 남는 거는 우비라고 얘기할 거예요.

면담자　　　아이들이 서서히 올라오기 시작하면서 안치소에 아이들을 눕혀 놓고 부모들이 와서 확인을 하기 시작했잖습니까? 그런 광경을 동수가 나오기 전에 보셨습니까?

동수 아빠　　　저는 다 봤어요, 아이들을. (면담자 : 왜요?) 네? (면담자 : 동수일까 봐?) 그러니까 처음에는 남자[하고 여자]애들을 같이 났다가 나중에는 남자, 여자 구분해서 났잖아요. 여자는 못 보고 남자애들은 거의 다 봤죠. 제일 처음에 올라온 애부터 시작해서 다 봤으니까요.

면담자　　　저희가 살아가면서 시신을 볼 기회가 많지 않은데 처음에 어떠셨어요?

동수 아빠　　　처음에는 얼떨결에 봤고, 그러니까 처음에 얼떨결에 본 것은 첫날 아이들이 다섯 명 올라왔을 때는 있는 모습, 그러니까 배에 막 올라온 애들, 그 모습 그대로 올라온 것을 얼떨결에 봤어요, 그때. 아마 KBS 기자가 그걸 열어서 그걸 처음으로 봤는데, 지금 와서는 후회를 해요, 내가 왜 봤을까. 목포에서 1년 6개월, 7개월 정도 있으면서 세월호가 올라오고 나서 7월 달부터인가 잠을 못 잤어요. 아이들이 이제 그때 수습이 되기 시작했으니까, 그때 봤던 애들이 계속 [꿈에서 제게] 오는 거예요. 근데 얼굴 형상이 없어요. 아이들은 아이들인데 얼굴 모습 형상이 없다 보니까 거의 잠을 못 잤죠.

면담자　　　그게 떠오르기도 하고, 꿈에 나타나기도 하고 그런 식이셨어요?

동수 아빠　　　네. 그러다 보니까 새벽, 저녁에 잠자는 게 무서워 가지고 잠을 못 잤죠. (면담자 : 1년 이상을) 네. 그러다 보니까 스트레스도 심해지고 그러면서 몇 번 쓰러졌죠, 거기 있으면서. 그러면서 기억력도 잃어버리고, 단기기억상실증도 와가지고……

면담자　　　올라온 아이들이 깨끗한 아이들도 있기는 했지만 (동수 아빠 : 그건 다 닦아가지고 온 거죠) 실제로는 상태가 좋지 않은 아이들도 많이 보셨겠네요. 예를 들자면 어느 정도였습니까? 죄송스러운 질문입니다만….

동수 아빠　　　대부분 이제 옷을 입고 있는 아이들은 얼굴 쪽이 많이 손상이 됐고, 반바지나 입고 있는 얘들은 전체적으로 다 많이 훼손이 됐고 그런 상황이었어요. 주로 본다면은 얼굴 쪽으로 훼손이 제일 많이 됐어요. (면담자 : 훼손이 되었다는 것은 살점 같은 게) 없어요. (면담자 : 떨어져 나온 그런 거를 말씀하시는 거죠?) 네.

면담자　　　다리도 꽤 오래된 경우에는 살점들이 많이 떨어져 나온 상태였던 거죠? 사실은 아버님이 지금 말씀하시는 게 일반적으로는 잘 알려져 있지 않습니다. "우리 아이는 깨끗하게 나왔다"고 증언들을 하시기 때문에. 근데 아버님은 그 부분에서 의견이 다르시네요? 특조위 때도 그런 것을 고려하셔서 동수 얼굴을 공개하셨던 거고요. (동수 아빠 : 네) 이제 동수를 만난 얘기로 가겠습니다. 그래서 쭉 기다리시다가 며칠날 동수를 만나셨어요?

동수 아빠　　　5월 6일 날 저녁 시간대였을 거예요. 저녁 6시인가 7시인가 작업이 시작이 됐거든요. 그래서 이제 동수 엄마랑 둘이서 상황실에서 지켜봤죠. 그러다가 8시 15분 되니까 철수 명령이 떨어지더라고요, 유속이 빨라지니까. 그래서 동수 엄마랑, 이제 그때 그 전에 네 명이 나왔어요, 네 명이 나와가지고, 유속이 빨라지니까 철수 명령이 내려지길래 '아, 오늘도 안 나오나 보다' 싶어서 8시 15분에서 20분 사이에 나와서 동수 엄마를 데리고 저녁을 먹으러 갔죠, 저녁을 안 먹었으니까. 저녁을 갖다 놓고 막 먹으려고 하는데 전화가 온 거예요, 동수가 나왔다고. (면담자 : 누구한테요?) 해수부한테. 그러니까 마지막 [에] 철수하는 잠수사가 데리고 온 거예요. 참 미안했죠, 동수한테. 조금만 상황실에 더 있었으면 내 눈으로 확인할 수 있는 상황을 작업자가 철수한다니까 그냥 나왔던 거죠. 꿈에도 생각을 못 했었어요.

면담자　　　보통은 인상착의를 써서 보고 동수인지 확인하고 어머니, 아버지가 가서 확인하고 하는 절차일 텐데, (동수 아빠 : 학생증) 학생증이 나와서 직접 연락이 왔군요.

동수 아빠　　　네. 동수는 학생증뿐만 아니라 지갑도 가지고 있었고, 그러니까 다른 아이들하고 비교해 보면은 나오라 그러면 나올 수 있는 상황이었어요. 왜 그러냐면은 옷을 입고 나온 거 보니까 신발, 운동화 신었고 양말 신었고 잠바까지 걸치고 있었으니까. 그러니까 [탈출할] 준비는 하고 있었던 거 같아요.

면담자　　　그래서 연락받고 이제 안치소로 달려가셨겠네요?

동수 아빠　　　네. 가니까 안 봤으면 좋겠다고 얘기를 하더라고요, 많이 훼손이 됐으니까. "그래도 나는 부모니까 확인을 해야겠다" 그래서 확인을 했죠. (면담자 : 동수 어머니는?) 같이 들어갔는데 못 보고….

면담자　　　　주로 얼굴 쪽이 많이 훼손이 됐었어요, 동수는?

동수 아빠　　　옷을 다 입고 있었으니까, 나머지는 다 부었고 얼굴 쪽이 많이 훼손이 됐죠.

면담자　　　　동수를 만나신 다음에 어떻게 하셨어요? 보통 [목포]한국병원으로 이송하고 했는데….

동수 아빠　　　아니요. 거기서 확인하고…, DNA 검사가 바로 들어가가지고, 그래도 혹시 하는 게 있기 때문에. (면담자 : 팽목에서?) 네, 그래서 그날 저녁에 꼴딱 샜죠, 그냥. 그래서 확인이 되니까 "어떻게 이송을 할 거냐" 그래서 "헬기로 가겠다, 하루라도, 1시간이라도 빨리 갈 수 있게", 그래서 "헬기로 이송을 해라" [하고 요청하고] 전주, 아니 안산 고대[안산병원으]로 왔죠.

면담자　　　　그러면 헬기는 그때 팽목에서도 떴습니까? (동수 아빠 : 아니요, 진도) 진도체육관 뒤쪽에 헬기 뜨는 곳까지 구급차로 (동수 아빠 : 네, 가서) 가서 헬기를 타고 안산 고대병원으로 가셨네요? 안산에 장례식 준비나 기타 등등은 잘되어 있었습니까?

동수 아빠　　　네, 그건 뭐 워낙 많이 하다 보니까 잘되어 있었고, 다만 이제 눈에 거슬리는 게 참 많았죠. 조화, 그게 좀 많이 눈에 거슬렸죠. (면담자 : 어떤 조화가 거슬리셨습니까?) 조화가 많이 오잖아요. 뭐 대통령부터 시작을 해서 오는 조화가 많이 거슬렸죠. (면담자 : 그래도 그냥 두셨네요) 뭐 남들은 버린다는데, 돌려놓은 것도 있고 굳이 거기에서 그렇게까지 할 필요는 없겠다고 생각을 해서 [그냥 두었어요].

면담자　　　마음의 준비를 많이 하시긴 했겠습니다만, 5월 9일까지 기다리셨으니까….

동수 아빠　　　그날 기다리면서 유실까지도 생각을 했었으니까요, 워낙 안 올라와서.

면담자　　　장례를 치르면서 주로 무슨 생각을 하셨나요? 뭐 아무 생각 없으셨겠습니다만….

동수 아빠　　　글쎄요. 거의 정신이 없었다 보니까 무엇을 어떻게 했는지를 모르겠어요.

면담자　　　어쨌든 삼일장을 끝내고 화장 절차 등을 진행하셨을 텐데 어느 곳에서 어떻게 할지 이런 거는 아버님이 정하셨습니까? (동수 아빠 : 네) 어떻게 정하셨어요? 어디서 화장하고 어디에 안치하고….

동수 아빠　　　일단은 먼저 왔던 사람들이 조언을 해줘서 일단은 그 순서대로 갔죠. 먼저 왔던 사람들 얘기를 듣고.

면담자　　　주로 누가 조언을 해주셨어요?

동수 아빠　　　그때 같이 있던 건우 아빠나, 8반 건우 아빠나 준형이 아빠가 얘기를 해주니까 거기에 전체적으로 따라갔죠.

면담자　　　결국은 팽목에서 안산까지 세 분이 완전 삼총사시네요. 계속 지금도 세 분이 잘 그렇게….

동수 아빠　　　건우 아빠는 잘 안 나오시고, 지금은 준형이 아빠하고 같이 계속하고 있죠.

면담자       아들을 화장을 하면서 어떤 생각을 하셨을까요?

동수 아빠   아, 그냥 '영원히 내 품에 갖고 오고 싶다'라는 그런 생각을 가지고 화장을 했었어요. (면담자 : 그리고 지금은 어디, 하늘공원에?) 지금 효원에 있어요.

면담자       효원에 데리고 가셨군요. 그때는 경황이 없으시기는 했겠습니다만 혹시 너무 좁다, 답답하다 이런 느낌 안 드셨습니까?

동수 아빠   맞아요. 들었었어요, 좁다는 생각이 많이 들었죠.

면담자       아이들이 배 안에 갇혀서 죽었는데, 또 이렇게 갇힌 곳에 얘들을 둔다는 게….

동수 아빠   그래서 처음에 수목장을 하려다가 나중에 한곳으로 아이들이 와야 하기 때문에 그건 포기를 하고…. 원래는 넓은 곳에 좀 데려다주고 싶었거든요, 갇히는 것보다.

면담자       그 꿈은 아직도 남아 있으시네요. (동수 아빠 : 네) 지금은 250명 아이들이 함께 있는 데 따른 의미 때문에 그렇게 두기는 하지만 길게 봐서는 우리 아이들이 죽어서라도 넓고 자유로운 곳에 (동수 아빠 : 보내주는 게…) 네.


# 9
## 진도분과장으로서의 활동

면담자       장례 끝내고 댁으로 가서 이제 남은 세 식구 어떻게 지내셨어요? 되게 힘드셨을 텐데….

동수 아빠       뭐 그냥 잘 지냈기보다는 그냥 동수 엄마는 동수 엄마 대로 저는 저대로…, 누굴 챙긴다는 것은 힘들었고, 한 일주일 동안은 각자 생활. (면담자 : 주로 댁에 계셨어요?) 네. 그러고 있다가 '이렇게 되면 안 되겠다' 싶어서 이제 그때는 와스타디움에서 총회가 열렸잖아요? 가족들[이] 하는 데 모임에 나가고, 그렇게 시작이 됐죠.

면담자       와스타디움 총회 때는 뭘 결정했습니까, 가보시니까?

동수 아빠       일단은 어떻게 대처해 나갈 건지를 의논을 했고, 그러고 첫 총회가 아마 분과[를] 만드는 게 총회 [논의 사항]이였을 거예요, 그때. 다섯 개 분과가 그때 처음으로 생겼죠.

면담자       그때가 뭐, 뭐였죠?

동수 아빠       그 추모, 추모 쪽, 그다음에 진도, 진상, 또 하나가 뭐였더라? 심리생계랑 하나 더 있었어요. 총 다섯 개 분과가 만들어졌어요.

면담자       누가 보통 맡으셨습니까?

동수 아빠       그때 전명선 위원장이 진상을 맡았었고, 그다음에 추모 쪽은 누가 맡았었더라? 기억이 안 나네. 그다음에 위원장은 김병권이가 맡았고, 수석부위원장은 누구냐, 혜선이 아빠인가가 맡았죠[해화 아빠 김영기]. 〈비공개〉

면담자       반 대표도 그때?

동수 아빠       그때는 없었어요.

면담자　　　　그럼 반 대표는 나중에 분향소로 나오면서 새로 만들어졌겠네요? 아버님은 언제까지 주로 안산에서 활동하셨습니까?

동수 아빠　　　안산에서 활동하기보다는 동수 장례[를] 치르고, 〈비공개〉 저하고 [장]훈이하고 그때 진도지원분과를 맡아서 그때부터 진도지원분과 활동을 했죠. 그러다 보니까 계속 우리는 밑으로 내려가게 된 거고….

면담자　　　　그러면은 안산에 별로 안 계시고, 한 일주일이나 그 정도 계시고 바로 진도로 내려가신 거네요. (동수 아빠 : 네) 왜 진도를 맡으셨어요, 그때?

동수 아빠　　　가장 그래도 마음이 맞았던 사람들끼리 하다 보니까 그런 경우도 있고, 지금은 좀 그렇지만 은화 엄마랑도 그래도 얘기가 가장 잘 통했던 사람들이니까, 은화 엄마나 다윤이 엄마나….

면담자　　　　동수도 좀 늦게 나온 편이니까…. 아이들이 올라오다가 그때 아마 소강상태가 되고 한 열몇 분인가 남았었죠, 쭉 오랫동안.

동수 아빠　　　그때가 황지현이가 제일 마지막으로 올라오고, 아홉 명이 남았죠.

면담자　　　　그랬지요. 진도분과를 맡으셔서 유가족으로서 진도에 내려가시게 되었는데 그때 심경이 어떠셨어요?

동수 아빠　　　뭐 심경이라면 그렇고, 저도 이제 그 상황을 겪어봤으니까 '해줄 수 있는 게 뭐냐?', 같은 아픔을 가진 가족으로서 그분들보다 먼저 찾았다는 죄송함도 있었고 [해서], '대변을 해줘야 하는 게 맞지 않냐'라는 게 기본적인 입장이었죠.

면담자        진도에서 미수습자 가족분들을 보살피면서 동시에 그 분들의 의견 등을 안산 집행부에 전달하는 게 주요 역할이라고 보셨네요. (동수 아빠 : 네) 당시에 변호사가 진도에 상주를 하지 않습니까? 기억이 나시죠? (동수 아빠 : 네, 알고 있습니다) 그리고 이제 장기화되니까 시민 단체나 기타 등등이 방문하고, 응원차 내려오기도 하고 그런 여러 일들이 있었을 텐데, 그런 것과 관련해 기억나시는 거 말씀해 주시면 좋겠습니다.

동수 아빠        아무튼 그렇게 해서 아홉 분이 계시면서 이제 장기화가 되니까 국회의원이고 누구고 계속 내려오는데 내려올 때마다 힘든 건 기다리는 부모님들이에요, 저희가 힘든 게 아니라. 그걸 알고 내려오신 분이 없더라고요. 그냥 와서 인사치레하고 사진 찍고, [정작] 그분들이 진정으로 무엇을 원하는지 모르시더라고요. 그게 가장 힘들었던 거 같아요. 그분들이 진정으로 무엇을 원하는지 파악하고 오시면 좋은데 그걸 파악을 못 하시고 그냥 생색내기로 오시는 분들이 많다 보니까…. 또 여러 가지 이제 시민분들은 그걸 알고 오시는 분들이 계시고 옆에 와서 위로를 많이 해주시는데, 정치권이[에] 있는 사람들은 그런 게 아니더라고요. 그러다 보니까 계속 부딪치는 경우가 종종 많았고….

[그러다가] 시간이 지나면서 조금 나뉘어졌어요. 〈비공개〉 그러면서 저하고 [장]훈이하고 둘이 시작을 했고, 그래서 일단 누군가는 안산에 올라와서 회의를 해야 되니까 저는 안산하고 진도를 계속 왔다 갔다 하고, 이제 진상분과장 [장]훈이가 진도에서 상주를 하고 이런 상황

63
•
1회차

이었죠.

면담자        자원봉사자로 끝까지 남아 계시던 분들도 있잖습니까? 기억이 나십니까? (동수 아빠 : 네) 주로 어떤 분들이셨어요?

동수 아빠      참 자원봉사 하신 분들[이] 많이 고생하셨죠, 끝까지 남아서. 〈비공개〉

면담자        변호사는 누가 언제 내려왔어요?

동수 아빠      변호사는 총회[를] 지내고 나서 진도지원분과가 생기면서 그때 같이 내려왔죠. 근데 그 변호사도 가까이 있다 보니까 가족 아닌 가족이 됐고…. 또 한편으로는 뭐라고 해야 되지, 정부 편을 좀 많이 들었어요, 어떻게 하다 보니까. 그래서 가족들하고 많이 부딪쳤고.

면담자        실종자 대표를 하시지 않았나요, 누군가가?

동수 아빠      네. 대표는 많이 했죠, 돌아가면서 했었으니까.

면담자        근데 이제 그분들과 변호사들 사이에도 의견이 맞지 않거나 이런 부분이 있었다는 얘기네요.

동수 아빠      뭐 그런 경우도 있었고…, 근데 그분들은 변호사한테 의지할 수밖에 없는 상황이 됐던 거니까, 많이 그분들하고 같이 있다 보니까, 저희보다 더 많이 있었으니까 그게 좀…. 그니까 어떻게 보면은 가족협의회에서 좀 더 적극적으로 했으면 좋았을 면도 있는가 [하면] 반면에 이제 좀 골이 생겼죠, 그때부터.

면담자          썩 좋지 않은 부분도 부분적으로 있기는 했습니다마는 실종자 가족들에게도 뭐랄까, 지혜랄까, 그런….

동수 아빠         그런 게 좀 많이 부족했죠. 가족협의회는 위[안산]에 있고 그분들은 밑[진도]에 있고 이런 상황이다 보니까 저희가 아무리 한다 하더라도 그분들 마음을 100프로 이해를 못 하잖아요. 그러면은 위원장이나 이런 분들이 와서 수시로 그분들[의] 고충을 들어주고 이야기를 같이 나누고 이런 상황이 됐어야 되는데, 그게 좀 부족하다 보니까 그런 상황이 있었죠.

면담자          여름 정도였던 걸로 기억하는데 전명선 위원장이 잭업 바지를 설치해서 좀 하자 그런 제안을 가지고 진도에 내려가지 않았습니까? (동수 아빠 : 네, 했었죠) 그 광경을 다 보셨습니까? (동수 아빠 : 네, 다 알고 있죠) 그거는 어땠어요? 그게 왜 시행이 안 됐는지 혹시….

동수 아빠         "수색이 이제 겨울철 다가오면서, 동절기 다가오면서 수온이 차가우니까 힘들다"라고 해서 처음에 나온 게 그 이야기였어요, 잭업 바지도. 그러니까 그 88수중도 좀 못 하겠다는 입장이 나왔고, 그래서 그러면 어떻게 할 수 있는 방법이 뭐냐고 찾다 보니까 잭업 바지를 찾게 됐고, 그래서 아마 서울대 쪽으로 의뢰를 했고, 여러 가지 자문을 받고 "잭업 바지면 괜찮다"라는 보편적인 의견을 가지고, "그러면 잭업 바지로 할 수 있는 게 무엇이냐?"라고 해서 조언을 구했고, 서울대 쪽에다가. 그래서 그분들 의견을 가지고 밑에 내려가서 얘기를 했죠. 근데 해수부에서 단칼에 거절을 한 거죠.

면담자          11월로 기억하는데, 그때 수색 중단을 선언하지 않습니까? (동수 아빠 : 11월 11일 날) 그때의 이야기도 좀 해주시지요.

동수 아빠    11월은, 그니까 10월 달부터 그 얘기는 흘러나왔어요. 그러니까 아까도 말씀드렸듯이 변호사를 제가 싫어하는 이유가, 그러면서 이제 변호사가 중간에 그런 얘기를 몇 번 했었고, 가족들도 이제 거기서 좀 나뉘었어요, 그거 설득을 변호사가 주로 했다 보니까. 그래서 그때 어떻게든 설득이 되어서 수색 중단을 선언하는데, 처음 저희는, "그게 아니다, [수색을] 더 해야 된다"는 가족들의 입장을 그분들한테 전했고, 그분들은 또 거기에 동의를 했다가 한순간에 뒤집어져서 이제 수색 종료가 됐는데, 이 과정 중에서 그니까 아까도 말씀드렸듯이 변호사라는 직위를 가지고 있는 사람이 무엇을 어떻게 했는지를 아무도 몰라요, 해수부하고 얘기를 계속했었으니까. 그런 과정 중에서 가족들이 내려갔을 때 좀 반감을 받았어요, 그런 상황에서.

이제 그런다고 저희가 그 상황을 계속 주장할 수는 없잖아요, 그분들이 이제 갖고 있는 게 있기 때문에, 그분들이 수색을 중단하겠다는데. 그래서 뭐 우리 가족협의회 입장에서는 어쩔 수 없는 것이지 않냐, 다만 중단을 하게 되면은 기자회견문을 쓰고 또 발표를 해야 되잖아요. 거기에 꼭 "인양해야 된다라는 걸 넣자"라는 게 저희 쪽 주장이었고, 그분들도 같은 생각을 가지고 있었는데, 근데 그 문구가 없어졌잖아요. 그러니까 저희가 이제 그런 내용의 문서를 [작성]해서 문구를 적어서 드렸는데, 다음 날 발표할 때는 그 문구가 빠졌더라고요. 〈비공개〉 그래서 그때 당시 인양이라는 문구가 꼭 들어갔으면은 인양이 이렇게 늦어지지 않았을 거고…, 그런 측면도 좀 있죠.

면담자    그러면 정부가 인양 선언을 한 건 언제였어요?

동수 아빠    16년도 4월이죠, 16년 4월이에요. 인양을 검토는, 인양을 (면담자 : 15년) 아, 15년. 15년에 인양 검토를 해보겠다는 게 기본적인 입장이었고, 인양 결정한 것은 4월이에요. 그러니까 11월 달에 수색이 종료되고, 12월에 인양, 아니 인양이 아니라 '선체처리기술TF팀'이라는 게 생겨요. "인양을 할지 말지를 검토하겠다", 이게 생기는 거지 인양 발표한 거는 없었어요.

면담자    그래서 검토한 결과 4월에 인양하겠다는 공식 발표를 한 거네요?

동수 아빠    네, 그때 당시에 정부에서는, 그니까 박근혜 [정부]에서는 둘 중의 하나를 줘야 됐었어요, 저희한테. 시행령이냐, 기소권, 수사권[을] 얻는 시행령이냐 인양이냐, 둘 중의 하나를 줘야 됐었어요. 근데 둘 중의 하나를 줘야 하는데 무리수[를] 안 두는 게 뭐냐, 인양이거든요, 정부 상황에서 시행령을 줄 수는 없으니까. 그래서 인양을 저희한테 던져줘요. 그러면서 시행령을 완전 무력화시켜 버렸잖아요. 둘 중의 하나를 저희한테 주면서, 인양이 크게 부각되면서 결국에 특조위 시행령이 개판이 되어버린 거죠.

면담자    시점을 봐도 그렇네요. (동수 아빠 : 그렇게 된 거예요) 마침 그 4월부터 소위 보상금에 대한 이야기가 본격화되지요.

동수 아빠    그러니까 인양[을] 던져주고 얼마 안 있다가 바로 보상금 얘기가 나온 거잖아요.

면담자    그리고 이제 한편으로는 인양을 늦은 속도로 진행한 것이다, 이렇게 보시는 거네요. 인양과 관련된 얘기는 특히 동수 아버님한테 많이 들어야 될 주제라서 그거는 조금 뒤로 돌리고요.


## 10
## 세월호 참사가 동수 아버지에게 가져온 변화

면담자　　　그렇게 해서 사실 1년이라는 굉장히 긴 시간이 동수 아버님에게는 참 짧은 기간이었을 거 같아요, 좀 정신없이 지나간.

동수 아빠　　　진도에서 안산으로, 안산에서 서울로, 그때 서울[에서] 이제 국회 점거하고 농성을 하고 있었을 때니까 한참 왔다 갔다 많이 했죠. 어떻게 갔는지는 모르겠어요.

면담자　　　유가족들의 진상 규명을 위한 투쟁 이야기는 2차 구술 때 상세하게 다시 듣기로 하고요. 저는 결국은 동수를 어처구니없이 잃고, 그다음에 동수를 떠나보내고, 그리고 다시 진도로 내려가시고, 그게 2014년 4월부터 2014년 말까지 동수 아버님의 삶이었는데, 그 과정에서 동수 아버님이 많이 변하셨을 거 같아요. (동수 아빠 : 변했죠) 뭐가 어떻게 변했는지 종합적으로, 생각나시는 대로 말씀을 듣고 싶습니다.

동수 아빠　　　일단은 성격이 많이 변했어요. 앞에 나서기를 제가 싫어하는 사람이거든요. 앞에 나서는 거를 좀 싫어해서…, 근데 어느 순간 저도 모르게 앞에 나섰어요. 그러니까 분노를 이기지 못하는 거죠. 분노를 이기지 못하게 되다 보니까 어느 순간 앞에 나서게 되고, 소리를 지르고, 욕도 하고…, 괜히 이제 싸움도 하게 되고. 그니까 성격이 좀 많이 변했어요. 나서는 성격이 아닌데 그렇게 변했고, 차분히 있지를 못 하는 게 또 하나 변한 거. 그니까 일이 진행되고 있으면은 그 진행이 되는 상황을 내 눈으로 확인을 해야 믿게 되는… 다른 때 같으면 '아, 잘하고 있겠지. 잘하겠지' 이랬는데, 그게 아니라 일이 진행이 되고 있으면 가서 무조건 확인을 해야 돼요. 눈으로 봐야 되는 거죠. 사람에 대한 믿음이 없어져 버린 거죠. 그리고 이 사람이 말을 하면 '이게 진짜일까, 아니면 거짓일까?' 계속 의심을 하게 되는 의심병도 생기고. 그렇게 사람이 변하더라고요.

면담자　　유가족분들 대부분이 이제 아이에게 부끄럽지 않은 자랑스러운 부모가 되겠다는 생각을 하셨을 텐데, 한편으로는 지금 동수 아빠 스스로가 "화를 참지 못하는 사람이 되었다"라고 회고하시잖아요. 아버님 마음이 많이 아프셨을 거 같아요.

동수 아빠　　많이 아팠죠, 많이 아프고…. 솔직히 저희 가족협의회가 '안전 사회 건설을 위한 가족협의회'잖아요. 솔직히 저는 안전은 뒷전이었어요, 저한테는. 안전은 뒷전이고 '왜 안 구했지? 왜 침몰했지?' 이게 알고 싶었던 거예요. '안전 사회, 과연 될까?' 그런 의문도 가지고 있었고, 안전 사회보다는 자식이 먼저더라고요. 솔직히 안전은 뒷전이었어요. 근데 저도 생각이 변하더라고요, '아이들을 위해서 하는 거? 그래, 아이들을 위해서 몸으로 뛰겠다'라는 생각으로 변하더라고요. 2015년 정도쯤에 지하철 사고 한 번 있었죠? (면담자 : 네) 그때 생각이 변했어요. '아, 이렇게 되면 안 되겠구나. 우리 것도 중요하지만 안전이 더 소중할 수도 있겠다. 두 번 다시는 이런 마음 아픈 일 겪게 하면 안 되겠다' [하고] 그때 제가 생각이 변했어요. 그 전까지는 안전은 둘째[로] 치고 왜 안 구했는지를 아는 게 제 이유였어요. 그때 아마 변했을 거예요. 그래서 안전에 대한 새로운 경각도 생겼고, 현재는.

면담자        마무리하려고 하는데요, 아버님 요새 몸이 많이 좋아지 신 거 같아요, 이렇게 뵈니까. (면담자 : 몸이 좋아진…) 빨리 회복이야 되겠습니까만….

동수 아빠        좋아진 건 하나도 없어요. 지금 겉모습만 이렇다 뿐이 지 뭐 지금 고쳐야 할 데가 한두 군데가 아니라서.

면담자        그래도 어쨌든 요즘은 좀 쉬시지 않아요? 그래도 안산 으로 오셨으니까.

동수 아빠        솔직히 저는 안산[에] 왔다고 해서 쉬는 게 쉬는 게 아니 거든요. 더 힘들어요, 차라리. 지금은 여러 가지 이제 앞일을 걱정하 고 생각을 해야 되는 시기잖아요, 이제는. 근데 목포나 진도에 있을 때는 그 상황에만 집중을 하면 돼요, 몸으로 때울 수 있기 때문에. 지 금은 더 힘들어요. 그때는 이제, 목포나 진도에 있을 때는 몸을 쓰기 때문에 몸이 피곤하니까 그런 건 있는데 지금은 머리가 너무 아파요, 하루에도 뭐 두통을 달고 사니까. 머리가 정말 깨질 거 같아서 [너무 힘들어요]. 그런 차이가 있죠.

면담자        잠은 어떠세요, 요즘에는?

동수 아빠        요즘도 기본적으로 3시 넘어야 자요. 목포나 진도[에] 있을 때는 몸으로 때우는 게, 뭐 아픈 걸 못 느꼈는데 지금은 너무 그 게 몸을 쓰지 않는 일을 지금 하고 있잖아요, 이제는. 뭐 투쟁도 없고,

군이 싸우는 일이 없다 보니까 사방에서 고장이 나기 시작하더라고
요. 그게 더 힘들더라고요.

면담자        네, 아버님 긴 시간 감사드리고요. 1차 구술은 이것으
로 정리하고 다음 약속을 잡아 2차 구술을 듣도록 하겠습니다. 감사
드립니다.

# 2회차

2019년 1월 17일

# 1
## 시작 인사말

면담자    본 구술증언은 4·16 사건에 대한 참여자들의 경험과 기억을 기록으로 남김으로써 이후 진상 규명 및 역사 기술에 기여하고자 합니다. 지금부터 정성욱 씨의 증언을 시작하겠습니다. 오늘은 2019년 1월 17일이며, 장소는 안산시 단원구 4·16가족협의회 회의실입니다. 면담자는 김익한이며, 촬영자는 강재성입니다.

# 2
## 근황

면담자    아버님, 2회차 구술에 응해주셔서 감사합니다. 1회차 구술을 하고 나서 일주일이 흘렀는데, 그사이에 특별한 일은 없으셨어요?

동수 아빠    뭐 목포 갔다 오고, 서울 갔다 오고 그 일이죠.

면담자    목포는 무슨 일로 가셨습니까?

동수 아빠    목포는 이번에 단원고 학생들[이] 자원봉사로 해서 목포 신항, 그다음에 진도 그리고 대구[로 가는] 일정이 있는데 그중에 하루가 목포 신항, 세월호 내부[에] 들어가는 게 있어서 거기서 안전교육하고 세월호 사건에 대해서 얘기해 주고 그러고 왔죠.

면담자    그 자원봉사자들은 가서 주로 뭘 하셨어요?

동수 아빠　　아, 자원봉사 하러 오신 건 학생들이 왔는데 일단 일차적으로는 세월호를 보는 걸로 계획이 잡혀 있어서 세월호에서 설명을 하는 걸로 저는 1차를 마무리했고, 나머지 가족분들은 진도[에] 가서 자원봉사 하고 대구[에] 가서 자원봉사 하고 올라오는 일정으로 되어 있더라고요.

면담자　　네. 자원봉사 내용은 뭐였습니까?

동수 아빠　　고맙다는 인사를 하는 게 본격적인 취지인 것 같고, 그리고 안전에 대해서 경각심을 일깨워 주는 교육도, 프로그램도 같이 겸해서 하고 있더라고요.

# 3
## 수색 과정 및 국정조사, 세월호특별법에 대한 의견

면담자　　지난 구술에서 14년 11월 수색 중단 이전 시기까지 진도의 상황에 대해 쭉 말씀을 들었는데요. 2일차 구술에서는 유가족들의 투쟁 과정들과 그 과정에서 생각의 변화랄까 이런 것에 초점을 맞춰서 이야기를 듣겠습니다. 다시 2014년 4월, 5월 시기로 돌아오기는 합니다만, 먼저 안산에서의 활동에 대해 여쭙겠습니다. 5월 초 제일 처음에 와스타디움에 사무실이 만들어졌잖아요. 그때의 상황에 대해서 기억나시는 거 모두 말씀해 주시면 좋을 것 같습니다.

동수 아빠　　와스타디움은 저는 동수 장례[를] 치르고 처음 갔었어요. 처음에 간 게 이제 총회 때문에 갔는데, 그때 처음으로 가족협의회에서 분과를 만드는 총회가 있었어요. 그때 변호사들도 같이 소개하는 이런 자리가 있었고, 그때가 아마 처음일 거예요.

면담자     와스타디움에서의 총회 때 임원들이 다 확정이 된 거네요. (동수 아빠 : 네) 그러면 이제 빛나라 아빠 등 1기 임원진이 그때 확정이 됐고, 동수 아버님 등은 이제 진도 쪽을 맡는 것으로… 그때 그러면 팀장이셨습니까? (동수 아빠 : 네, 팀장) 진도분과의 팀장이셨고, 분과장은 누구셨어요?

동수 아빠     그때 분과장이, 어, 갑자기 생각이 안 나네. 저기 누구더라. 마지막에 올라온 애가 누구지? 갑자기 이름[동영 아빠 김재만]이 생각이….

면담자     그때는 분과장이라고 안 부르고 위원장이라고 부르지 않았어요? (동수 아빠 : 네, 진도분과위원장) 동수 아버님이 팀장을 맡으시고 이런 구조. (동수 아빠 : 저하고 훈이하고, 장훈 씨하고 팀장 했었죠) 네, 알겠습니다. 그러면 그때 와스타디움에서 임원들을 결정하면서 각각 무슨 일을 해야 된다고 이야기를 나누고 한 바가 있습니까?

동수 아빠     그때 이제 그걸 하면서 진상을 알아야겠다는 게 근본적인 취지였기 때문에 진상분과 주로 위주로 많이 움직였던 거고, 진도 같은 경우에는 그 남아 계신 분들에 대한 미안함, 그다음에 그분들의 어려움을 알고 있으니까 뭐라도 해줄 수 있는가 해서 진도분과라는 게 만들어진 거고. "그러면 그분들에 대한 최소한 배려로 할 수 있는 게 그분들을 대신해서 싸워줄 수 있는 거밖에 없지 않냐"라고 해서 진도분과가 생겨서, 대신 내려가서 회의 들어가고, 전반적인 과정을 살

77
2회차

피는 게 진도분과 일이었으니까요.

면담자          그 당시에 미수습자 상태, 그 당시에는 실종자라고 저희가 불렀죠, 그분들은 그러니까 아이를 잃은 상태에서 진도에서 정말 혼란에 빠진 상태의 연장선에 있었고, 아이들을 데리고 안산으로 올라오신 분들은 상대적으로 좀 사안을 침착하게 보고, 넓게 보고 이럴 수 있는 상황이었다고 할 수 있겠네요. (동수 아빠 : 그렇죠) 그런 입장에서 유가족분들이 실종자 [가족]분들이 진도에서 활동하는 것을 돕고, 그들의 의견을 안산의 가족협의회에 전하고…. (동수 아빠 : 정부하고 안산에 알리는 이런 역할을 했던 거죠) 그럼 정부와 회의할 때도 참여하신 적이 있습니까? (동수 아빠 : 거의 다 참여는 했죠) 그러면은 그때 이름이 뭐였죠, 회의가, 진도군청에 있었던? (동수 아빠 : 음, 범대본 회의[세월호 참사 범정부사고대책본부]) 네. 범대본 회의에 거의 참석하셨고, 또 팽목이나 진도체육관에서도 수시로 회의가 있지 않았습니까?

동수 아빠          팽목항에는 없었어요. 팽목항에는 없었고, 팽목항에는 그때 사람이 없었기 때문에. 팽목항에는 그때 일부 가족들이 지키는 형태였고, 대부분 다 진도체육관에 있다가 나중에 이제 은화 엄마가 팽목으로 넘어오시게 되죠.

면담자          그럼 범대본 회의는 주재를 주로 누가 했어요?

동수 아빠          범대본 회의는 주로 해수부가 주관을 했고.

면담자          해수부의 누구였습니까? 가끔은 이주영 장관도 범대본 회의에 나왔던 걸로 제가 들었습니다.

동수 아빠      주로 이주영 장관이 회의를 개최하는 것도 있었지만은 그때 당시 해수부[해경], 누구냐 그게, 이춘재! 이춘재가 주로 이제 회의를 많이 했던 거죠.

면담자      이춘재 씨는 그 당시에는 국장? (동수 아빠 : 네, 해경 국장) 해경 국장. (동수 아빠 : 아니, 해경 국장이라고 하기에는 그렇고 뭐 일단 그렇게 불렀으니까. 넘버 투였으니까[해경 경비안전국장]) 네, 알겠습니다. 이제 5월이 지나면 결국은 장기 수색의 단계로 넘어가잖습니까?

동수 아빠      6월이죠. 6월까지 나왔었으니까.

면담자      그러면 그 이후에 범대본 회의에서는 주로 뭐를 논의했어요?

동수 아빠      수색 방법, 그다음에 이제 어떻게 할 거냐, 수색 방법에 대한 논의가 제일 많았고, 아 그다음에 잠수사에 대한 논의가 좀 있었고. 대부분 그 회의죠.

면담자      그와 관련해 저희가 좀 다른 증언에서도 한 번 확인했던 내용인데, 언딘 바지에 있던 잠수사들이 빠지고 88수중으로 (동수 아빠 : 바뀌죠) 수색의 주관이랄까 그게 바뀌어가잖습니까? 88수중으로 넘어가는 과정에서 했던 논의들, 이런 걸 좀 소개해 주시면 감사하겠습니다.

동수 아빠      그러니까 언딘에서 88[수중]으로 넘어가게 된 동기가 이제 수색이 너무 지지부진하다 보니까 절단 얘기가 나왔어요, 그때 당시에 이제. "절단을 할 수 있냐?" 그래서 88이 "가능하다" 해서 이제 그때 88이 들어오게 된 거죠. 그래 가지고, 근데 그 절단하는 과정에서 사고가 있었고, 그러면 가족분들이 빨리할 수 있는 방법을 논의하다 보니까, 절단 얘기가 나오니까 그럼 88수중을 적극적으로 가족들이 밀었던 거죠, 거기 있던 가족들이.

면담자      88수중이 절단한다는 거는 이제 잠수사들의 출입이 가능하도록 하기 위해서?

동수 아빠      출입이 가능한 게 아니라 "세월호 안에 있는 물건을 밖으로 꺼내서 수색을 용이하게 하자"라는 게 기본적인 취지였어요.

면담자      네, 어디를 절단한다는 거였어요?

동수 아빠      선체 내부를 절단하는 거죠, 선체를 절단해서, 창문 쪽을 절단해서 그 창문으로 물건을 밖으로 꺼내는, 위로 올리는 게 아니라 꺼내서 버리는 이런 방식이 됐던 거죠.

면담자      88에서 그 작업을 수행하는 과정에서 일부 사고가 있었나 보죠? 어떤 사고였습니까?

동수 아빠      잠수사가 좀 다치는 사고가 있었죠.

면담자      이제 그렇게 해서 11월까지는 88이 계속 작업을 했음에도 불구하고 큰 성과는 보지 못한 거네요.

동수 아빠      결국에는 이제 아홉 명이 나중에 남았잖아요? 맨 마지막에 남은 게 아홉 명인데, 이게 결론은 들어가지 못한 곳에서 얘들이 나왔던 거예요. 그러니까 침몰을 하면서 선미가 먼저 땅에 닿았던 부분에서 얘들이 나온 건데, 거기는 충격에 의해서 무너진 곳이다 보니까 잠수사가 들어가질 못했던 곳이에요, 한 분도. 그러다 보니까 거기를 수색을 못 했으니까….

면담자          88수중도 결국은 거기 선미 쪽의 찌그러진 부분에 물건을 꺼내고….

동수 아빠          아니, 꺼내지도 못했어요. 아예 찌그러져 있었기 때문에 (면담자 : 하지를 못한 거네요, 결국은) 네, 그러니까 다른 객실들만 다 본 거죠, 다른 객실들만.

면담자          그럼 그 부분은 최초로 보게 된 게 언제예요?

동수 아빠          그 부분은 그때 당시 영상으로 일단 찍어서, 그때 당시 영상으로는 한 번 봤고, 그거는 이제 인양이 되어서 봤죠, 본격적으로 보게 된 것은.

면담자          그럼 인양 후에 거기에서 (동수 아빠 : 두 분이 나왔죠) 이제 유해가 발견되었고, 그 유해는 이미 시간이 너무 많이 지났기 때문에 초기에 아이들을 건질 때하고는 다른 상태의 유해가 나온 거죠?

동수 아빠          그러니까 어, □□ 형태의 유해가 나왔죠, □□[표현이 너무 직접적이라서 가려달라는 동수 아빠의 요청에 따라 □□로 표시함].

면담자          좀 어려운 질문입니다만, 동수 아버님도 보셨나요? (동수 아빠 : 네) 그 형태를?

동수 아빠          네. 그것 때문에 많이 힘들어했죠.

면담자          제일 힘든 대목이기는 한데, 사실 직접 보신 분들이 거의 없으시죠? (동수 아빠 : 저 말고는 없죠) □□ 형태라고 얘기를 하셨는데 형체를 알아보기는 좀 어렵지만 피부 등과 관련된 부분도 남아 있는 상태를 □□ 형태라고 말씀하시는 겁니까?

동수 아빠    주로 이제 제일 처음에 확인할 수 있는 게 □□ 형태이지만 옷이 그대로 있었어요. 그니까 대부분 옷을 보고 처음에 알아봤고, 그런 상태에서 이제 DNA 검사를 했던 거고….

면담자    알겠습니다. 더 상세한 얘기를 하기는 좋지 않을 거 같고요. 이제 가족협의회가 구성된 다음에 제일 먼저 집단행동을 한 게 KBS 항의 방문이에요. 혹시 그때 (동수 아빠 : 없었어요. 진도에 있었어요) 진도에 계셨군요…. KBS 항의 방문 얘기를 들었을 때 어떤 소감이셨어요?

동수 아빠    그때 진도에서 있을 때 들었는데, 소감이라기는 그렇고, KBS를 그때 당시에 뭐 전국적으로 언론에 대해서 저희가 불신을 가지고 있었으니까, 혼은 나야 된다는 생각은 가지고 있었는데 이제 그렇게 해서 집단으로 올라갈 줄은 처음에는 몰랐었어요. 다음 날 보니까 그렇게 올라가셨더라고요. 근데 저도 올라가야 하는 상황임에도 불구하고 못 올라간 게 어떻게 일도 좀 있었고, 그러는 과정 중에서 제일 염려스러웠던 게 저희가 집단행동 하는 건 좋은데 아이들 영정사진을 가지고 올라갔잖아요, 그때. 그게 가장 마음이 아파 가지고 그게 좀 힘들었던 거 같아요.

면담자    처음 시위였는데 정말 강력한 형태로 한 거거든요. 아이들을 데리고 갔다는 것은 유가족으로서 할 수 있는 가장 강수를 쓰신 건데, 그거에 대해서는 마음이 아프셨다는 의미시네요. 좀 다른 생각을 가지고 계셨을 수도 있겠네요? 시위 방법 등에 대해서.

동수 아빠    그때는 그런 거 뭐 전혀 생각할 수 있는 시기가 없었으니까 아니었으니까, 가장 몸으로 할 수 있는 것은 가족들이 이제 그런 형태의 시위밖에 안 됐을 거예요. 그 이후에도 시위는 계속 저희들이 했잖아요. 단식, 그다음에 도보 행진, 그 이후에 다 또다시 한번 영정이 올라가고, 대부분 다 이런 식으로 하다 보니까….

면담자    알겠습니다. 그리고 이제 6월 말, 7월 초에 국정조사가 시작이 됐잖아요? 그때도 진도에 많이 계셨을 것이기 때문에 국정조사 때 진도에서 할 수 있었던 활동 같은 게 있었습니까? (동수 아빠 : 없었어요) 예를 들어서 어민들의 증언을 듣는다든지 하는 것은 전혀 이뤄지지 않았습니까?

동수 아빠    그때는…, 전혀 없었죠. 그때는 저희가 뭐 동거차도라는 걸 몰랐었으니까. 동거차도라는 걸 그때는 거의 몰랐어요.

면담자    그러면 당시에 국정조사에서는 국회의원들을 통해서 정부에 자료 요청을 하고 그걸 받아서 분석하는 거 정도를 할 수 있었겠네요?

동수 아빠    네. 정보, 국회의원들을 통해서 받는 자료가 그때 다였죠.

면담자    국정조사 특위 당시에 아쉬움이나 이런 거는 있으셨습니까, 어떠셨습니까?

동수 아빠    음, 좀 더 세월호에 대해서 깊이, 깊게 좀 해줬으면 하는 바람이 있었는데 그냥 나와 있는 상태에서만 조사가 이뤄진 것에 대해서. 그니까 그때 당시에 좀 더 적극적으로 조사했으면 자료가 그만큼 더 쌓였을 것이고 더 힘들지 않게 갈 수 있었는데. 그때는 이제 일괄적으로 어느 정도 다 보편화된 자료만 받아서 국정조사를 했다 보니까 바뀔 수 있는 게 거의 없었죠. 해경이나 해수부나 그냥 다 넘어갔잖아요. 결국에는 하나도 처벌받는 게 없고. [공개할 수] 있는 [자료], 그니까 자료가 어느 정부나 마찬가지로 자료는 항상 두 벌 정도는 가지고 있어요, 언론에 공개할 수 있는 것과 공개하지 않는 것. 근데 대부분 그 자료는 언론에 공개할 수 있는 자료들만 나왔기 때문에 큰 의미는 없었어요 저희한테, 제가 봤을 때는.

면담자    당시 국정조사 특위가 진행될 때 유가족들이 같이 참여했거든요. 그다음에 시민·사회 단체에서도 (동수 아빠 : 참여를 했죠) 조사에 경험을 가진 분들을 모셔서 같이 참여를 하셨잖아요? 그때 참여를 하시면서 좀 좋았던 점이나 답답했던 점이 있다면 어떤 것일까요?

동수 아빠    답답했던 것은 시민들도 마찬가지이고 국회의원들도 마찬가지이고, 일명 전문가라고 하시는 분들이 세월호에 대해서 너무 몰라요. 그냥 일반적으로 훼리호[서해훼리호 침몰 사고]에 대해서는 아시는데 구체적으로 안으로 좀 들어가면 설명을 못 하시더라고요. 그게 답답했던 거예요, 지금도 마찬가지이고. 국회의원들도 마찬가지로 그냥 보는 자료만 가지고 얘기를 하다 보니까 좀 더 깊이 있게 들어가면은 논의를 할 수 있는 구조가 되어야 되는데, 좀 더 조금만 더 깊이 들어가면 몰라요. 그러다 보니까 '참, 이게 뭐지?'라는 생각을 좀 많이 했었어요.

면담자 　　　네. 세월호에 대해서 좀 더 깊이 들어간다면, 예를 들자면 어떤 게 있어요?

동수 아빠 　　　그러니까 1시간 40분이라는 구조 타임이 있었잖아요. 그러면 그 구조 타임 동안에 123정하고 주변에 있는 어선들만 가서 구조를 했는데, 왜 그런 구조를 하는 과정 중에서 선원들[만]을 구출할 때, 왜 그거에 대해서 확실히 물어보질 않았는지…, 이게 그때 당시 선원, 123정장이 뭐라고 그랬냐면은 그 조타실에서 나오는 사람들이 일반 승객인 줄 알았다고 얘기를 했거든요. 근데 일반 승객이 조타실에서 나오면은, 그것은 세월호는 납치되었다고 판단을 했어야 해요. 가장 기본적인 거거든요, 그게. 아무리 배가 뒤집힌다고 그러더라도 조타실까지 들어갈 수 있는 사람은 없어요.

면담자 　　　마치 비행기 조종석에 승객이 들어간 꼴이죠, 지금 말씀하신 거는.

동수 아빠 　　　그러면 그런 거는 하나의 가장 기본적인 건데, 그런 거[를] 아무도 짚은 사람이 없다는 거죠.

면담자 　　　그런 사실들을 구체적으로 짚으면서 국회의원들이 국정조사권을 가지고 해경 자료를 많이 수집해야 했는데 그게 되지 않았다고 보시는 거네요? (동수 아빠 : 그렇죠) 사실은 당시 국정감사 시기가 원자료를 확보할 수 있는 소위 말하는 골든타임이었죠. (동수 아빠 : 가장 중요한 시기였죠) 근데 그거는 좀 실패했다, 그렇게 보시는 거죠? (동수 아빠 : 네) 알겠습니다. 뭐 그래도 국회의원들 중에 정말 자료 조사를 열심히 했다는 사람을 든다면 누가 있을까요?

동수 아빠     글쎄요. 지금 와서 생각해 보면은 뭐 일부 의원들[은] 열심히 하셨는데, 딱히 말하기가 그렇네요(웃음).

면담자     알겠습니다. 이제 국정조사 특위가 끝나고 바로 세월호 특별법 제정을 위한 싸움으로 들어가셨죠. (동수 아빠 : 네) 이 법을 제정하자는 이야기는 유가족들 중에서 나왔을 텐데 처음에 그런 이야기가 나오게 된 배경이나 또는 제안하신 분이나 이런 것에 대한 구체적인 기억이 있으십니까?

동수 아빠     그때 이제 할 수 있는 걸, 특별법에 대한 것은 가족들이 이야기가, 가족들 입에서 먼저 나온 게 맞고요. 그런 과정 중에서 그것을 구체적으로 논의하기 시작한 게 저희가 그때 당시 민변, 대한변협 이렇게 들어왔었잖아요. 그분들하고 본격적으로 이제 "어떻게 했으면 좋겠냐?"라고 논의가 시작된 게 아마 그때쯤일 거예요, 그게. 그러다가 특별법 제정을 하자는 얘기가 그때 나왔고….

면담자     결국은 7월 초에 국정조사 특위가 진행되는 와중에 이미 특별법 얘기는 나왔었겠네요.

동수 아빠     네. 특별법 얘기는 나왔는데 어떻게 할지는 모르니까, 그때는 아마 조율 단계이지 않았을까….

면담자     네. 주로 어떤 단위에서 논의했습니까? 어떤 회의가 있었다든지….

동수 아빠     그때 당시 똑같은 확대운영위 회의[가 있었고], 그래서 거기서 일부 논의가 됐고, 그리고 가족 전체적으로 회의를 한 걸로 알고 있어요.

면담자     네. 회의[에] 참석했을 때 특별법과 관련해 당시에 주로 관여했던 변호사라고 한다면 박주민 변호사하고 황필규 변호사일 텐데, 주로 박 변호사님이 (동수 아빠 : 많이 했죠) 이 법의 제정과 관련해서 논의에 많이 참여하신 거네요.

동수 아빠     전반적으로 다 했으니까요.

면담자     법 조문안을 만드는 것은 어떻게 진행이 됐어요?

동수 아빠     그것은 저희들이 다 들어갈 수 있는 상황이 아니다 보니까 그때 당시 유경근 집행위원장하고 그다음에 그 박주민 의원, 일부 다른 위원들하고 해서 그렇게 진행된 걸로 알고 있어요.

면담자     다른 위원이라고 하시면 유가족 임원들을 말씀하시는 건가요?

동수 아빠     아니, 임원들은 몇 명 안 들어갔어요, 그때 당시에 제가 알기로는. 안 들어가고 집행위원장이 주로 위주로 많이 움직였고, 그리고 국회의원 전해철 의원이나 이런 분들이 많이 같이 동참을 해주셨죠.

면담자     네, 알겠습니다. 이제 특별법 제정을 위해 한편으로는 국회에서도 입법 초안이랄까, 전해철 의원이 중심이 되었겠습니다만, 그런 작업이 있었고, 민변이나 당시에 4·16연대 전에 뭐였죠? 그 세월호 참사 국민대책회의? 말하자면 전국의 시민 단체들이 연합한 조직이 있었죠?

동수 아빠     그게 4·16연대인데 그때는 4·16연대라고 안 했고, 4·16 뭐라고 했는데 아무튼….

면담자     세월호 참사 국민대책회의 같은 거였어요. (동수 아빠 : 네, 그게 4·16연대로 바뀐 거죠) 거기에서도 참여연대의 이태호 처장 등을 중심으로 해서 법안 초안 등이 나오고 있었던 걸로 아는데, 그 상황에 대해서는 알고 계십니까?

동수 아빠     아니요, 그건 잘 몰라요. 왜 그러냐면 주로 저는 이제 그때쯤이면, 입법 제정할 때쯤이면 저는 이제 인양이라는 거에 대해서 공부를 하고 전국적으로 저희가 돌아다닐 때에요. 모르는 상황이니까 [이후에] 진상분과장[을 맡게 되는] 장훈 분과장하고 전국으로 잠수사나 이런 사람들을 만나러 돌아다닐 때라 그 상황을 제대로 잘 모르죠.

면담자     그러면 지금 말씀하신 전국으로 돌아다니셨다는 얘기를 조금만 더 듣고 싶은데요. 사실은 인양과 관련된 구체적인 지식을 얻으려면 잠수사, 그다음에 선박이나 해양 전문가 이런 분들을 만나고 다니셨겠네요? (동수 아빠 : 네) 주로 어디서 어떤 분들을 만나셨는지 기억이 나십니까?

동수 아빠     처음에 인양분과를 하고 나서 저희가 할 수 있는 게 없으니까, 그래서 처음에 잠수사 위주로 해서 만났어요, 잠수사들이 대부분 그 일을 하니까. 그래서 잠수사를 만나서 얘기 듣고, 잠수사들한테 부탁을 해서 "그러면 인양을 할 수 있는 업체들이 뭐냐? 인양할 수

있는 장비들이 뭐냐?" 요것을 시작으로 해서 이제 일단 인양 업체를
좀 소개받고, 그다음에 선박 전문가들을 소개받고, 이렇게 한 단계 한
단계 밟아 올라갔죠, 저희는.

면담자    주로 그때 접촉한 잠수사라면 누구였어요?

동수 아빠    저희가 그때 당시에 접촉할 수 있는 잠수사는 88에 있
던 잠수사와 언딘 바지에 있던 일부 잠수사들? 그렇게 해서 만나보고
돌아다녔죠. (면담자 : 성함은 기억이 안 나셔요?) 그, 이제 그분들도 만
나는 것을 처음에는 많이 꺼려 했기 때문에 굳이 여기서 그분들 이름
을 말씀드리기가….

면담자    아, 그러시겠네요. 어쨌든 88수중의 잠수사들도 접촉을
했고, 언딘 바지에서 잠수하신 민간 잠수사분들하고는 워낙 많이 얼
굴들을 봤으니까 그중의 어떤 분들을 통해서 지식도 얻고 또 소개도
받고 이렇게 하셨네요. (동수 아빠 : 네) 그 해양 전문가들도 지금 실명
을 말씀하시기에는 곤란한 상태네요. (동수 아빠 : 네) 지역으로 보자
면 어디 어디를 돌아다니셨어요?

동수 아빠    군산, 그다음에 여수, 목포, 울산, 주로 이쪽으로 돌아
다녔죠, 대부분 다 바닷가 쪽에. (면담자 : 네. 부산도 아마 해양 업체들이
큰 게 있었을 텐데) 네, 부산도 있어요. (면담자 : 부산은 잘 인 가셨고?)
부산은 거기 인양 업체들이 있어서 그 인양 업체들을 만나러 부산을
몇 번 갔었죠.

면담자    아, 네. 그래서 쭉 돌아다니시면서 얻은 지식이 있으실
텐데, 예를 들어서 세월호를 인양하려면 방법이 무엇이 있다 하는 것

에 대해서 어떤 지식을 얻으셨습니까?

동수 아빠      그니까 방법론에 대해서는 여러 가지 방법이 있어요. 그니까 딱히 이 방법이라고 할 방법은 없고, 다만 이제 통째로 인양할 수 있는 방법은 그렇게 많지 않아요. 그때 당시 저희가 제일 많이 들었던 게 지금 이번에 세월호[를] 인양했던 잭킹 방식이 가장 보편화되어 있고, 그 방법 외에는 통째로 인양할 수 있는 방법이 없다라는 게 보편적인 얘기였어요, 전국적으로 돌아다녔을 때.

면담자      잭킹 방식은 구체적으로 어떻게 하는 것입니까?

동수 아빠      양쪽의 바지선에 와이어를 연결해서 배를 통째로 들어 올리는, 배 양쪽에 바지선이 있고 가운데에 배가 있는 상태에서 와이어를 당겨서 그 배를 들어 올리는 그런 방식을 이야기하는 거죠.

면담자      그러면 들어 올린 상태에서 수면까지 계속 와이어를 통해서 끌어 올리는 방법으로 그 당시에는….

동수 아빠      그러니까 수면까지는, 그것도 어느 정도 선이 있어요. 수면까지 다 올릴 수 있느냐, 아니면 수면 아래에서 플로팅 도크[플로팅 독]를 넣어서 끌어 올리느냐, 이게 방식에 있어서는 약간 차이가 좀 있는 거죠.

면담자      그러면은 경우의 수로 보자면, 와이어로 수면까지 끌어 올리거나 아니면 어느 정도 들어 올려서 플로팅 도크라는 걸 밑에 넣어서 부력 등을 이용해서 (동수 아빠 : 끌어 올리는) 올리는 방법, 그 두 가지겠네요?

동수 아빠　　완전히 끌어 올리는 방식은 좀 힘든 방식이고, 이제 부력이 너무 많이 작용할 수 있기 때문에 배가 어떻게 될지 모르는 방식이고. 그래서 제일 좋은 방식이 잭킹을 바닷속에 넣어서 그 잭킹이 물에 잠기는 거예요, 잭킹 바지가 어느 선 정도까지는. 그래서 잠기면은 그 안에다 넣어서 끌어 올리는 방식이 가장 안전한 방식이라는 게 저희가 돌아다녔을 때 업계에서 하는 얘기가 그 얘기였어요.

면담자　　그런 사전 지식을 가지고 인양이 공식화되면 이제 유가족들이 여러 가지 요구를 한다든지 하는 활동을 하려고 준비하고 계셨네요. (동수 아빠 : 네, 준비를 하고 있었죠) 배가 누워 있었잖아요. 상식적으로 생각하면 물 안에서 배를 돌려 세워서 올리는 방법 등에 대해 생각해 볼 수 있거든요. 그 점에 대해서는 조사하셨습니까? (동수 아빠 : 다 그것도 조사했죠) 어떤 결론을 갖고 계셨어요?

동수 아빠　　바다에서 세우는 게, 물속에서 세우는 게 가장 안전하고 좋은 방법이라는 게 기본적인 거였고, 육상에서 세우려면은 그만큼 힘이 많이 들어가고 잘못하면은 배가 산산조각 날 수 있는 상황이다 보니까 그 방식에 대해서 저희들은 물속에서 세우는 방식을 주장했고, 정부 그니까 즉 해수부는 그대로 [배가 누운 상태에서] 인양하는 방식을 택했던 거죠. 그래서 그것 가지고 참 싸움을 많이 했죠. '분명히 물속에서 세우면은 좋은 방식인데 왜 굳이 그렇게 했을까?'라는 건 아직까지도 의문이 남아 있으니까….

면담자　　정부 측 주장은 뭡니까? 뭔가 그렇게 할 수밖에 없거나 그것이 효율적이거나 하여튼 뭔가 이유가 있었을 것 같은데요?

동수 아빠　　　그니까 기본적인 주장은 미수습자 가족들이 그걸 원했어요, 미수습자분들이. 그니까 인양 방식에 대해서 해수부가 정확히 미수습자분들한테 전체적으로 그냥 열어놓고 설명을 한 게 아니라, 저희가 흔히 하는 얘기가 있잖아요. '세월호는 인양[을] 안 하려고 했다. 박근혜가 아마 탄핵[이] 안 됐으면은 세월호는 아마 안 올라왔다' [라고] 생각을 하고 있는 건 지금도 마찬가지인데, 인양 방식을 놓고 첨예하게 대립된 게 바로 '세우냐 눕히냐' 이 방식을 가지고 첨예하게 대립했거든요, 저희는 세워야 된다는 게 기본적인 입장이었고. 왜 그렇냐면 세워서 올라오면은 일단 수색이 편해요, 모든 일이. 눕혀 있으면은 배를 절단해야 하는 상황밖에는 답이 없거든요.

근데 세월호가 침몰 원인의 증거이고 거기서 조사를 해야 되는데, 저걸 올라왔을 경우에는 조각을 낸다? 그럼 조사할 의미가 거의 없어지잖아요. 그래서 저희하고 많이 부딪친 게 바로 그 이유에서 많이 부딪쳤어요, 해수부는 세월호를 없애려고 했던 거고, 우리는 증거를 찾기 위해서 싸워야 하는 입장이었고. 이제 그것을 해수부가 미수습자들한테 좀 세뇌라고 해야 되나요? 그걸 많이 했죠. 그니까 물속에서 배를 세우는 게 그냥 1시간에 빨딱 세우는 게 아니라 1시간에 한 1도, 2도 정도밖에 못 세워요, 세월호를 세우는 데. 근데 해수부는 그런 얘기 없이 물속에서 세우면은 그때 당시 아홉 분이 남아 있으니까, 아홉 분의 유해가 유실될 수 있다는 걸 그 미수습자분들한테 계속 얘기를 한 거예요.

그러다 보니까 미수습자분들은 겁이 났던 거죠, 그 부분에 대해서, 그니까 그거를 반대했던 거고. 그러니까 여기에서 제일 처음에 해수부가 간과한 게 뭐냐면 유실 방지망을 했다고 했는데 그걸[그게] 잘못됐다고 저희가 발표를 했고, 근데 미수습자분들이 그걸 알아들으시면, 미수습자분들이 그럼 유실 방지망을 제대로 하고 세월호를 돌렸으면 괜찮은데, 그런 거에 대한 설명이 해수부가 전혀 없었던 거예요. 그러다 보니까, 거기에서 많은 대립이 있다 보니까 결국에는 저희가 주장을 할 수가 없잖아요. 인양을 하는 목적이 조사를 하는 목적도 있지만은 제일 큰 목적은 미수습자분들을 찾는 게 목적이었기 때문에 그분들 의견을 따라갈 수밖에 없었죠, 그때는.

면담자    해수부에서 그런 설명을 주로 하고 다닌 분이 누구세요?

동수 아빠    지금의 연영진, 그다음에 장기욱, 요 두 사람이 주로. (면담자 : 직책이 뭐였습니까, 두 사람?) 연영진은 그때 당시 단장이었고, 그다음에 장기욱이는 과장이었고.

면담자    단장이라면 선체인양추진단장. (동수 아빠 : 네) 그리고 인양추진단의 과장, 이 두 분이 주로 많은 논의에 참여했고, 가족들에 대해서도 주로 많이 대화하셨고, 이제 동수 아버님은 이러지도 못하고 저러지도 못하고 회의에서만 논쟁하시고 이런 상황이셨겠네요.

동수 아빠    그럴 수밖에 없었죠. 가족들하고도 얘기를 해봐야 그분들은 이미 딱 확고한 의미는 있기 때문에 받아들여지지 못했고, 그러면 '결국에는 눕혀서 인양을 하더라도 최소한 세월호에 손상이 안 갈 수 있는 방향이 뭐냐?'를 가지고 저희는 다시 검토를 시작했죠.

## 4

## 광화문, 국회, 그리고 청운동에서의 농성 활동

면담자       네, 알겠습니다. 인양 얘기는 인양이 결정되고 공모를
하는 과정, 이런 얘기를 제가 뒤에 다시 여쭙겠습니다. 지금 이제 특
별법 제정을 위해서 유가족들이 전국을 돌아다니셔요. 그리고 그때만
해도 시민·사회 단체의 적극적인 참여 등이 있었잖습니까? (동수 아빠 :
꽤 있었죠) 그 서명 과정 등에 대해서는 부분적으로 참여를 하셨을 텐
데, 서울 오셨을 때. 어떠셨어요? 처음 해보신 거 아니었습니까?

동수 아빠       그렇죠, 처음 해봤죠, 그 서명전이라는 것을. 길거리에
나가서 세월호에 대해서 서명전을 하는 게 처음에는 진짜 아이들을
위한 건데도 사람을 만난다는 게 좀 두려웠어요. 그 두려운 마음이 나
도 모르게 깊이 있더라고요, 사람을 만난다는 거 자체가.

면담자       처음에 그 서명대를 들고 나가신 곳이 어디였어요, 동
수 아버님은?

동수 아빠       저희가 그때 서울로 갔을 거예요. 저희가 7반이니까 서
울로 갔을 거예요. (면담자 : 서울 어디신지는 혹시 기억이?) 기억이 안
나요.

면담자       이제 가면은 서명대를 펼쳐놓고, 그다음에 서명 용지를
놓고, 그다음에….

동수 아빠       아빠들은 주로 피켓 들고 거리를 계속 돌아다니죠, 서
명 좀 해달라고 구호를 외치면서. 엄마들은 거기서 서명, 엄마들하고

일반 시민 단체하고 서명을 받고 주로 그렇게….

면담자　　　구호를 외치실 수 있었어요, 처음에?

동수 아빠　　처음에는 못 외쳤죠. 근데 어느 순간 저도 모르게 나오더라고요 그게. (면담자 : 뭐라고 외치셨는지 기억이 나십니까?) 어, "세월호에 대한 진상 규명을 위해서 서명을 받고 있습니다. 서명 부탁드립니다"라고 했었죠.

면담자　　　그런 외침을 유가족들이 해야 된다는 거에 대해서 지금 어떻게 생각하서요?

동수 아빠　　그것은 맞는 거라고 저희는 생각을 했어요. 시민 단체가 할 수 있는 것도 있지만은 고통을 아는 사람이 호소하는 것과 한발 물러서 있는 사람이 호소하는 것과는 차이가 있다고 생각했어요.

면담자　　　참으로 좋게 생각을 해주시네요. 사실 이 정도의 피해가 났고 고통이 크신 유가족들은, 말하자면 그런 문제를 해결하는 이 해당사자이기는 하지만 스스로 문제를 풀어나가기에는 너무 고통이 크잖아요. 그러니까 이 사회가, 시민운동단체를 포함해서 더 주도적으로 그런 일을 하고, 유가족들은 오히려 뒤에서 응원해 주시는 모양이 되어야 되는데 (동수 아빠 : 그게 맞는 건데요) 사실 거꾸로였죠.

동수 아빠　　우리나라 구조에서는 그게 안 되잖아요. 그러니까 우리나라 구조를 본다 그러면은 정부에 무조건 매달려야 하는 입장이었고, 시민 단체는 어떻게든 이걸 가지고 좀 더 좋은 사회로 바꾸려는 역할을 하는 거고, 거기에서 가족들이 앞장을 서지 않으면 안 되는 입장이었고…. 그때 사회가 그랬죠.

면담자    시민활동가들을 많이 보셨을 텐데 안산의 시민활동가들 또는 단체로 기억에 남는 분들이 있습니까?

동수 아빠    글쎄요. 저는 주로 안산에서 있지를 않았기 때문에 솔직히 안산에서 지금 위성태밖에는 기억나는 게 없어요. 위성태하고, 위성태 부인하고, 그다음에 누구더라? 금속노조에 계신 여자분이 한 분 계시는데 갑자기 이름이 생각이 안 나네. 여자분 한 분 있어요. 쫌 바싹 말라가지고 안경 쓰신 분[이] 하나 있는데 이름이 갑자기 생각이 안 나네요. 생각이 나는 게 안산에서는 저는 이 세 분밖에 생각이 안 나네요.

면담자    왜 위성태 [4·16안산시민연대] 사무국장 부부만 많이 기억이 나서요?

동수 아빠    그러니까 가장 제가 많이 만난 게 위성태하고 안세경 씨니까. (면담자: 장세경 씨) 아, 장세경 씨. 또 위성태하고는 친구예요. (면담자: 아, 원래 친구셨어요?) 아니, 아니요, 사고 이후에 알게 된 거….

면담자    서울에서는 어떤 경험을 하셨어요? 어떤 단체, 어떤 사람들과?

동수 아빠    그러니까 서울에서도 이제 시민 단체를 만났는데 아까도 말씀드렸지만은 사람 만나는 게 무서워 가지고 저는 가서, 가더라도 인사만 하고 거의 그분들하고 말을 안 했어요. 그러니까 제가 4월, 5월, 6월에 트라우마가 왔어요, 2014년에. 사람을 만나는 게 무서워서, 트라우마가 와가지고 그때 병원을 다녔었거든요. 사람을 만나는 게 너무 무서웠어요. 그래서 사람을 만나는 걸 많이 꺼려 했었어요. 그러니까 그때 당시, 앞으로 돌아가서 그런데, 2014년도 서명 활동도 하지만은 간담회도 많이 하잖아요. 저는 간담회를 한 번도 안 했어요. 딱 한 번 했어요. 처음에 간담회[를] 간 게 [청중이] 학생들이에요. 근데 학생들[을] 한번 보고 나니까 너무 무서운 거예요. 그러니까 사람 기피증이 생기더라고요, 무서우니까. 그러면서 간담회도 안 다니고 서명 활동도 그렇게 많이 못 다녔어요, 사람 만나는 게 무서워서.

면담자 　　어쨌든 서울에서 서명도 서명이지만 그 이후에 큰 시위라든지 집회라든지 이런 걸 하면서 처음으로 박래군 씨라든지 김혜진, 이태호 씨라든지 시민운동 쪽 사람들을 자주 접촉하셨을 텐데, 어떠셨습니까, 인상이?

동수 아빠 　　처음에 만났을 때, '대체 뭐 하는 사람들이지? 왜 이렇게 열심히 돕지?' 처음에는 그랬어요. 근데 조금씩 만나니까 '아, 이분들도 나름대로 아픔이 있구나'라는 걸 느꼈죠. '그래서 더, 좀 더 이 사회를 바꾸려고 하는 사람들이구나'라는 것을 뼈저리게 느꼈으니까.

면담자 　　나중에는 개인적으로도 많이 가까워지셨겠네요?

동수 아빠 　　많이 가까워졌죠. 특히 이제 박래군 씨 같은 경우에는 진짜 많이 가까워졌죠. 싸우기도 또 많이 싸우고 (웃으며) 또 반대로.

면담자 　　예를 들자면 뭐로 싸웁니까?

동수 아빠 　　그니까 의견 충돌이 좀 많았던 거죠. 그니까 우리, 그니까 가족협의회는 협의회대로 가는 것이지만은 이제 제 개인적인 생각과 좀 부딪히는 경우가 많았었어요. 그니까 인양이 결정되고 나서부터는 박래군 위원장님하고는 좀 그때 싸운 게 인양 때문에 많이 싸웠어요. 가족[들]은 인양에 대해서 공부를 해가지고 이런저런 [사람들] 만나러 다니면서, 모르는 사람들 만나면서 인양에 대해서 준비를 하고 있는데, 그때 4·16연대는 저희하고 같이한다고는 했지만은 인양에 대해서 아는 게 없으니까, 모르는 거예요. 그니까 인양 얘기를 못 하는 거예요. 그니까 저희가 특별법과 인양을 두 가지를 [놓고] 같이 싸울 때는 인양은 모르니까 그냥 인양 얘기는 계속 했던 대로 하면 되는데, 인양이 딱 발표 나고 나서 그 뒤로 인양에 대한 전반적인 지식을 가지고 정부와 부딪쳐야 되는데 그걸 못 해주니까 많이 부딪쳤죠.

면담자    네. 조금 다시 앞부분으로 넘어가겠습니다만, 이제 국회 농성하고 광화문 농성이 병행되다가 또 이제 청운동 농성까지 진행이 되지 않습니까? 그 뙤약볕 한여름에 말이죠. 그 농성들에 대해서는 주로 어떤 게 기억나십니까?

동수 아빠    그 농성들 중에서는 국회가 처음에 우리가 농성, 국회하고 청운동에서 농성을 했을 때, 국회에서 시작하고 4일인가 5일인가 단원고 생존 학생들이 걸어왔을 때 국회까지, 그게 좀 그 당시에는 (면담자 : 어떠셨어요?) 고마움과, 애들[이] 왔을 때 고마움과 뭐라고 해야 되나, 반발? 애들 보는 게 힘들었으니까…. 고마움은 고마움이고, 쟤네들은 살아왔는데 우리 애는 그렇게 됐으니까…, 그런 게 있었어요.

면담자    그래도 특히 엄마들이 엄청 안아주고 울고 그랬잖아요.

동수 아빠    네. 그러니까 두 가지가 다 공존한 거 같아요. 고마움, 아까도 말씀드렸지만 고마움이 있는 반면에 또 내면에는 그게 있다 보니까 자기도 모르게….

면담자    농성과 관련해서는 한 가지만 더 여쭙겠는데요. 광화문 농성을 하다가 청운동으로 일부 유가족들이 가게 된 게 청운동 농성의 시작이잖습니까? 그게 가족협의회의 결정 사안이었습니까 아니었습니까?

동수 아빠    그게 가족협의회의 결정 사안은 아닌 걸로 제가 알고 있거든요. 그니까 일부 어머니들이 가시면서 자리를 잡다 보니까 그게 결국에는 가족협의회 결정 사안이 됐죠. '그러면 어머니들[이] 갔는데 빼야 되냐, 말아야 되냐?' 가지고 의논을 했었으니까.

면담자    임원 회의에서 그런 논의가 있었군요. (동수 아빠 : 네. 그래서 가는 걸로 결정이 된 걸로 알고 있어요) 네. 동수 아버님도 가보셨어요, 청운동? (동수 아빠 : 네. 청운동은 가봤죠) 그 비닐 쓰고 같이 주무시고 하셨어요? (동수 아빠 : 네) 사실 농성의 환경으로 보자면 청운동 농성했을 때가 광화문 때보다 아마 훨씬 더 힘들었을 거예요. (동수 아빠 : 제일 힘들었죠) 국회도 사실은 처마가 나와 있어서 그나마 견딜 만했는데, 청운동은 완전 한데에서 견뎌야 했으니까 (동수 아빠 : 견뎠으니까요) 이제 그 얘기를 여쭈려고 하는 건데요. 왜 하필이면 청운동에 가서 농성을 해야 한다고 생각을 하셨을까요?

동수 아빠    가장 가까운 데, 좀 더 청와대랑 가까운 곳으로 가자는 게 아마 기본적인 입장이었으니까요. 저희가 광화문 위로는 올라가

보질 못했었잖아요. 그래서 그런 과정 중에 일부 어머니들이 이제 청운동 운동에 들어가게 되면서 시작이 된 거니까, 좀 더 가까운 곳, 그니까 박근혜를 만나려고, 그때는 무지 많이 노력을 했잖아요, 그러다 보니까 좀 더 가까운 곳으로 가자는 게 기본적인 입장이었죠.

면담자　　　박근혜를 만나 문제를 해결하려고 청운동 농성하시는 분들이 노력을 하신 건데, 아버님은 그거에 대해서 긍정적으로 보십니까, 어떻게 보십니까? 다시 말해서 박근혜를 만나고, 박근혜를 압박하면 문제를 해결할 수 있다고 보는 것이 옳다고 보서요, 아니면 그렇지 않다고 보서요?

동수 아빠　　　거기에는 저는 솔직히 반반이에요. 박근혜를 압박해 봐야 나올 게 없고, 그런다고 만나면은 얘기는 들어주겠지마는 큰 소득은 없을 거라는 생각은 했었어요. 그러니까 저희가 인양하고 특별법하고 한창 싸울 때, 그렇게 그 정도까지 탄압할 정도면은 그건 정부에서 들어줄 생각이 없는 거거든요. 제가 그렇게 판단하는 이유가 제가 의경생활을 했었어요, 군대에 있을 때. 그니까 90, 89년도에 제가 의경으로 갔거든요. 그러면 90, 91년이 제일 심했을 때잖아요. 그때 많은 단체들이 정부하고 협상하려고 많은 노력을 했었잖아요. 근데 제일 먼저 내세운 게 진압이잖아요, 무조건 막고 보는 거. 그러니까 정부는 그때를, 그니까 저는 이게 돌고 돈다고 생각을 했어요. '아, 정부는 이걸 들어줄 생각이 없는 거구나' 왜 그러냐면 저도 의경생활을 해 봐서 아는데, 100프로 딱 철망 치기 시작하면은 그건 들어줄 생각이 없거든요, 아무리 노력을 해도.

면담자　　　　실제로 그 시기에, 물론 이제 법을 제정하는 것이 일차적인 목표였으니까 그랬겠습니다만 해수부나 해경을 직접 타격하는 그런 유가족들의 활동이 많지는 않았거든요.

동수 아빠　　　당연히 그럴 수밖에 없었죠. 해경이나 해수부를[에] 바로 들어가서 할 수 있는 상황은 하나도 없었어요. 그냥 저희가 할 수 있는 것은 몸으로 때워서 세월호를 알리고, 어떻게 해서든지 특별법을 제정하는 게 목표였으니까, 그리고 인양을 하는 게 목표였으니까.

면담자　　　　네, 알겠습니다. 8월 15일 날 프란치스코 교황이 광화문에서 시복 미사를 드리는 행사가 있었잖아요. 그리고 그 시기에 민주당에서 특별법 협상으로 여러 문제를 노정시키고 있었고, 그래서 15일 날 교황을 만나 뭔가를 해보려고 애를 썼죠. 그때에 대한 어떤 기억이 있습니까?

동수 아빠　　　그때 이제 박영선이가 [민주당] 원내대표여서 그걸 했었잖아요. 그니까 그 특별법을 제정하는 과정 중에서 박영선 원내대표가 좀 독단적으로 한 게 많았죠. 그것을 논의를 좀 했었으면은 아마 그렇게까지는 안 했을 건데, 논의 없이 일방적인 행보를 했기 때문에 상황이 좀 많이 격해졌고, 그러는 과정 중에서 김영오 씨가 단식을 그때 제일 길게 하고 있었고, 그래서 그때는 교황이 오신다니까 "어필할 수 있는 게 뭐냐? 그러면 차라리 만나서 어필을 해보는 것도 괜찮다"라는 게 이제 시민 단체에서 주로 나온 얘기였고, 그러면 가족들도 "그것도 괜찮은 방법이다"라고 결정을 그렇게 했던 거죠.

면담자　　　　그 14일, 13일 그럴 때 기억은 좀 없으시죠? 그니까 무슨 얘기냐면, 광화문에 농성하고 있었기 때문에 자리를 비워줘야 됐거든요. 그래서 이제 그거는 가톨릭 쪽하고도 (동수 아빠 : 논의가) 협상이 되어야 되고, 또 가족들도 의사결정을 해야 되고…, 그런 상황에 대한 기억은 있으십니까?

동수 아빠    그때는 그걸 담당하는 상황실장이 따로 있었어요, 그니까 광화문을 담당하는. 그때 저희 반에 수빈이 이모부죠. 이모부가 그때 [유가족 대책위] 상황실장으로 있으면서 그것을 그분하고 배서영[세월호 참사 국민대책회의 상황실장]이하고 주로 많이 논의를 했었죠. 그래서 아마 치워주는 조건으로 하되, 다만 그때 김영오 씨 때문에 하나는 남기는 걸로 얘기를 했죠.

면담자    박용우 가족협의회 상황실장하고 그다음에 국민대책위의 배서영 씨가 주로 정부와 논의하고, 또 가톨릭 쪽이랑 논의하는 거는 다른 채널로 뭔가 있었겠네요.

동수 아빠    그때 그렇게 하면서 가톨릭 쪽으로는 이제 준형이 아빠 진상분과장이 조금 더 노력을 많이 하셨죠.

면담자    가톨릭 신자인 준형 아빠, 그다음에 성호 엄마 등이 어떤 채널 역할을 해주셨고, (동수 아빠 : 많이 해주셨죠) 그래서 이제 결과적으로는 15일 하루는 조금 아래 공간으로 이동해 주는 것으로….

동수 아빠    네, 그러니까 거기를 열어주고 저희가 대신 조금 밑으로 내려온 거죠. 저걸 다 열어주는 게 아니라 거기 있는 상태에서 텐트 하나만 옆으로 옮긴, 그렇게 된 거죠.

면담자     네, 교황을 만났을 때 당연히 (동수 아빠 : 네, 있었어요) 동수 아버님도 계셨죠? 어떠셨어요, 그 상황에 대한 느낌이? (동수 아빠 : 느낌…) 엄청 많은 인파가 광화문을 꽉 메웠으니까.

동수 아빠     딱히 느낌이라고는 없었어요. '아, 그냥 오는 갑다' 그 정도였고, '만났을 때 우리 얘기를 과연 들어줄 수 있을까? 만날 수나 있을까?' 하는 게 처음이었고, 만났을 때는 이제 얘기를 했는데 그래도 얘기를 하고 나서 희망을 가졌어요. '그래도 교황이 얘기하면은 괜찮지 않을까?' [하고] 희망을 가졌는데 그건 그때뿐이더라고요, 결국에는 똑같이 갔으니까.

면담자     알겠습니다. 그러다가 이제 8월 하순이 되면 이제 특별법이 타결되죠. 그런 와중에 썩 좋은 얘기는 아닙니다만 9월 달에 소위 대리기사 폭행 사건이라는 게 (동수 아빠 : 터지죠) 터지죠. 그거는 어떻게 보세요?

동수 아빠     그것은 뭐 의도된 상황일 수도 있고, 어쨌든 폭행을 했다는 것은 저희가 잘못을 한 거니까 그건 저희들도 인정을 하는 부분이고…. 다만 이 세월호라는 게 부각이, 세월호 저희 가족들이라는 게 부각이 되면서 그게 논란이 커진 건데, 솔직히 술 먹고 폭행은 할 수도 있는 거잖아요, 서로 간에 언성이 높아지다 보면. 근데 다만 일반 시민으로 봐줬으면은, 어차피 그분들도 일반 시민이거든요. 다만 세월호라는 이 세 글자가 앞에 있어서 더 큰 이슈가 되고 논란거리가 됐던 거는 사실이니까.

면담자     그 사건의 진상이 무엇인지, 사실은 아직도 명확하지 않은 대목이 있다고 봅니다만, 어쨌든 그 이후의 판결에 대해서 알고 계십니까? (동수 아빠 : 아니요) 무죄 판결이 난 거로 알고 있는데요.

동수 아빠    모르겠어요. 그니까 지금 그때 당시 그렇게 하고 분과장을 내려놓고 막 그런 시기였다 보니까…, 그리고 나서는 계속, 제가 아까도 말씀드렸지만은, 밑으로 현장을 돌아다니다 보니까 뭐 그렇게 신경 쓸 여유가 없었어요. 그러다 보니까 그분들의, 그니까 대리기사 폭행에 대한 게 제 머릿속에서 잊혀져 가는 거죠. 그것보다는 인양이 저는 그때 당시에 먼저 있었으니까….

면담자    소위 대리기사 폭행 사건이, 특히 안산 지역에서 여론의 변화가 심했고, 전국적으로도 세월호 유가족들에 대한 지지를 (동수 아빠 : 많이 무너졌죠) 떨어뜨리는 역할을 한 건 사실이거든요. 그런 점에 대해서 많이들 아쉬워하고….

동수 아빠    많이 아쉬워한 게 아니라 많이 힘들어했죠. 아까도 말씀드렸지만 일반 시민이라면 안 그랬을 건데, 이렇게 이슈화가 안 되었을 건데, 이 세월호라는 타이틀이 있다 보니까 그게 너무 많이 힘들었었어요. 그니까 같이 지지해 주시는 분들도 '이분들 왜 이러지?' 하는 게 있었으니까….

면담자    좀 억울함 이런 건 없으셨어요?

동수 아빠    있었죠, 왜 없겠어요. 아까도 말씀드렸지만, 그냥 일반 시민으로 봐주고, 자식 잃은 아빠로서의 행동을 했겠지마는, 폭행은 잘못된 거라고 말씀드렸지만은 다만 이게 일상적으로 조금은 일어날 수 있는 상황인데, 이걸 너무 언론에서 크게 보도하다 보니까 좀 억울

한 부분은 그거죠, 언론의 너무 많은 공격을 받다 보니까.

면담자　　　그 이후에 1기 집행부에 대해서 유가족들 사이에 어떤 불만이나 비난 같은 것들이 있었습니까?

동수 아빠　　뭐 일부 얘기하시는 부모들도 있었고, 그렇지 않고 감싸주는, '그럴 수 있다'라고 감싸주는 부모들도 있었고…. 그래서 전반적으로 저희가 폭행에 대해서는 잘못한 거니까 인정을 하자는 게 기본적인 얘기였었죠. 그래서 그때 당시 전 집행부가 사퇴하는 그런 상황이 됐던 거니까요.

면담자　　　집행부 사퇴 후에 이제 첫 총회를 하잖습니까? 거기에서 주로 어떤 이야기들이 있었습니까? 소위 대리기사 폭행 사건에 관련된 분들이 나오셔서 (동수 아빠 : 그분들이 나오셔서 사과하고) 그런 장면이었죠?

동수 아빠　　네, 그러고 이제, 그러고 나서 잘못했다 말씀하고 그러곤 그걸로 끝났죠, 그러고 나서 이제 차기 집행부가 결성이 됐었으니까.

면담자　　　그 총회에서 유가족들의 태도는, 물론 폭행은 좋은 일은 아니지만 그럴 수 있고, 그간의 노고에 대해서 수고했다, 이런 분위기로 보셔야 하는 건지….

동수 아빠　　아, 그런 분위기로 좀 봤고, 다만 이제 그분들이 가더라도 하던 게 있으니까 계속 와서 도와달라고 얘기는 했었죠, 그때 당시에는.

## 5

## 유가족들과 미수습자 가족들 사이의 세월호특별법과 인양에 대한 이견

면담자  2014년 말에 특조위에 이석태 위원장 등 위원들을 선임하게 돼요. 혹시 유가족 추천 위원들을 좀 설득하기 위해서 같이 돌아다니셨다든지 이런 경험은 없으십니까?

동수 아빠  그때 같이 돌아다니긴 했는데, 이제 처음 초반에는 그걸 좀 못 했고요. 나중에 이석태 위원장님이 되고 나서는 자주 면담을 했죠. 그 전에는 계속 저희는 밑에[진도에] 있다 보니까 그 역할을 좀 하기가 부담스러웠던 것도 있었고…. 그니까 왜 이게 부담스러웠냐면은 특별법하고 인양하고 같이 했었잖아요. 그러니까 여기 특별법을 추진하다 보니까 밑에 계신 분들이 좀 불만을 많이 토로했어요, "왜 인양 얘기가 없냐?" [하고] 그러다 보니까 여기서[안산에서] 진행한 거에 대해서 여기는[진도는] 불만을 가지고 있잖아요. 근데 이분들에 대한 신경을 또 아무도 안 쓸 수는 없으니까, 그래서 여기에 저희는 집중을 했었어요. 그니까 여기에 집중하고, 그러면서 특별법과 인양이 같이 가잖아요. 그러면서 인양이 먼저 발표되고 나중에 특별법 시행령으로 해서, 나중에 특별법이 시행이 되지만은…, 그래서 인양을 주로 이제 하다 보니까 그분들하고 많은 얘기를 하다 보니까, 이 특별법에 관해서도 저희가 참여를 할 수 있는 게 좀 문이 좁았죠. 여기가 어차피 우리가 이쪽[서울 쪽으로] 올라가 버리면 여기가 비워[져] 버리니까, 그래서 그런 부분에 있어서는 저희가 조금 [움직이기가 불편하고] 그랬죠.

면담자    진도에 남은 아홉 가족이 특별법이 제정되는 과정에서 구체적으로 요구한 것이 있습니까? 예를 들어서 인양을 더 적극화할 수 있는….

동수 아빠    네, 인양을, 특별법에 인양을 넣으라고 얘기를 하셨는데, 근데 그때 당시에는 인양이라는 문구를 넣을 수가 없는 상황이었어요. 그러니까 특별법을 만들 때가 14년도에 초기 단계로 들어갔었잖아요. 근데 그때는 수색 중이었기 때문에 인양을 말을 못 꺼내, 어느 누구도 말을 못 꺼냈잖아요. 그니까 특별법에 인양을 못 넣었었던 거거든요. 그러다 보니까 그게 좀 힘들었죠. 그래서 나중에 이제 저희가 이석태 위원장이 되고, 초반에 이제 사무실이 없을 때 따로 만나서 저희가 부탁 말씀을 드린 게 뭐냐면 "세월호에는 인양이 없다, 특별법에는. 그래서 이거 인양해도 특조위가 관리해야 된다" 그래서 이석태 위원장님한테 부탁을 했어요. "직속으로 인양 부서를 하나 만들었으면 좋겠다"라고 저희가 요청을 해서 인양 담당 팀 하나가 또 만들어진 거죠.

면담자    1기 특조위가 활동하기가 쉽지는 않은 상황이었는데, 그 특조위의 인양 팀은 어떻게 제대로 역할을 했습니까, 어땠습니까?

동수 아빠    공식적으로 인양 팀은 없었어요. 공식적으로 인양 팀은 없고, 이석태 위원상[의] 비서 라인 쪽으로 해서, 그때는 비서관이 있었으니까 비서관하고 한 분을 더해서 따로 구성을 해서 그렇게 돌아다녔죠.

면담자    그 역할과 성과는 뭐였어요?

동수 아빠        일단은 해수부를 상대로 해서 인양에 관한 자료를 받는 게 가장 우선적인 목표였었으니까…. 그다음은 인양이 발표되고 나서도, 나중에 인양 얘기[는] 따로 하시겠지마는, 일단은 입찰하게 된 동기는 인양을 하기 위해서 입찰을 했지만은, 일곱 개의 업체가 입찰을 했는데 어느 누구도 일곱 개 업체에 대해서 아무도 몰라요, 그때 당시에 우리도 몰랐으니까…. 그리고 어떤 방식이었는지도 모르겠고, 어떤 식으로 논의를 해서 어떻게 들어갔는지 아무도 모르는 상황이었다 보니까, 그 방식을 알 수 있는 게 특조위밖에 없어서, 그런 식으로 해서 이제 일을 진행하게 된 거죠. 그니까 일단 1기 특조위에서 제가 보는 의미는 인양에서 많은 컨트롤이 있었고, 물론 여러 가지 청문회나 이런 게 있어서 많은 증거들이 나오긴 했지만은, 그래도 저는 [1기 특조위의 역할 중] 다섯 손가락 안에 든다면은 인양이 그 안에서 만들어져서 나름대로 성과가 있었다고 판단을 해요.

면담자        1기 특조위가 공식적으로 해수부에 요청을 해서 자료를 받아서 상황 인식을 할 수 있었다, (동수 아빠 : 그렇죠) 라고 보시는 거네요.

동수 아빠        거기에뿐만 아니라 이제 공식적으로 해수부가 안 주는 것은 국회의원을 통해서 받아서 특조위가 보는 이런 형식이지만은, 그래도 나름대로 인양에 대해서 언론에 알려지기 시작한 게 그때쯤이니까요. 그 전에는 인양에 대해서는 언론에서도 뭐 어떻게 돌아가는지를 아무도 몰랐으니까, 우리도 뭐 거의 몰랐지만은. 그래서 그나마 특조위가 어떻게 돌아가고 있다는 상황 정도는 인식을 해서 많이 알려졌기 때문에 가장 중요한 거라 생각을 해요.

## 도보 행진 당시 느낀 4·16가족협의회 엄마들의 위대함

면담자     인양 얘기에 들어가기 전에 1월에서 2월 초까지 우리가 도보 행진을 하잖아요, 안산에서 진도까지. 거기에 대해서만 조금 얘기하고 이제 인양 얘기로 바로 넘어갈 생각인데, 그때 도보 행진을 제안한 사람이 혹시 누구인지 아서요?

동수 아빠     제가 제안했어요.

면담자     어떤 생각이셨는지, 또 누구를 만나서 어떻게 제안을 하셨는지 등에 대해 좀 종합적으로 얘기를 부탁드리겠습니다.

동수 아빠     그러니까 그때 특별법하고 아까도 인양 두 가지를 놓고 정부가 저울질을 하고 있는 상황이었고…, 제가 제일 가슴 아팠던 게 이제 미수습자분들이 있으면서 시간이 지날수록 힘들어했었거든요. 수색이 종료되고 나서도 정부에서 인양 얘기가 안 나오니까 너무 힘들어했어요, 그분들이. 그래서 '그러면은 이길 전국적으로 할[알릴] 수 있는 방법이 무엇일까?' 고민을 하다가 우연찮게 이 앞 전에 그 누구더라? (면담자: 승현 아빠 이호진 씨?) 이호진 씨가 도보 한 번 했었잖아요? 그냥 '이것을 가족협의회에서 하면 어떨까?'라는 생각이 들었어요.

그래 가지고 '다른 거 없이 인양하고 시행령만 가지고 한번 [팽목까지 도보를] 해보는 건 어떨까?' 고민을 하다가 [장]훈이하고 둘이 얘기를 해서 "그것도 괜찮은 방법이다" 해서 이제 둘이 얘기를 맞췄고, 확대운영위에 "도보 행진을 한번 해보면 어떨까요?"라고 건의를 했죠. 그랬더니 확대운영위에서 찬성이 나왔고, 그래서 결국에는 이제 하기로 했고, 그다음에 저희가 바로 이걸 진행을 하려면은 결국에는 전국적인 도움이 필요하잖아요. 그래서 결국에는 배서영 처장을 통해서 "어떻게 할 수 있는 방법이 뭐냐?"[에 대해 상의했어요]. 그럼 전국적인 조직을 해야 되거든요. 내려가는 코스 막 이런 거, 일단은 시민 단체하고 연계가 되어야 하다 보니까 그것을 찾아보자 그래서 찾아봤고, 대전에서 회의를 아마 저희가 했었어요. 전국적으로 모이기로 한 데가 대구니까 대구에서 모여서 회의를 해서 (면담자 : 대전) 아 대전, 대전에서 회의를 처음 시작을 했죠. 그래 가지고 거기에서 "조직적으로 그걸 도와주겠다" 결정이 되어서 구체적인 일정을 그때 잡은 거죠.

면담자      그때 당시에 [네이버]밴드도 있었고 소통 도구가 있었으니까 그걸 통해서 사람들을 모았겠네요.

동수 아빠      그렇죠. 가족협의회에 공지를 했죠, 그때. "도보 행진을 하는데 가족들 중에서 할 수 있는 사람이 누구냐?", "하실 분들은 나와 주십사" 했더니 그때 어머니들하고 아버지들이 일부 좀 오셨죠. (면담자 : 대체로 몇 분이셨는지 기억하세요?) 저희 일정을 마무리한 게 어머니들이, 도언이 엄마부터 시작해서, 어머니들이 여섯에서 여덟 명 정도 되고 아버지들이 네 명, 다섯 명? 아, 네 명 정도 되고, 그리고 저, [장]훈이, 박용우 실장, 조기하, 그다음에 상호 아빠, 이 정도가 되겠네요. 그래 가지고 이 다섯 명은 그분들이 스태프로, 가족이지만은 스태프로 앞의 일정을 전체적으로 챙기는 사람이라서 같이 시작을 했죠, 그렇게 해서….

면담자　　　사실 그 도보가 꽤 복잡하거든요. 중간에 가다가 빠지는 사람도 있고, 그다음에 안전관리도 해야 되고, 도착하는 지역에 가면 그 지역 시민들이 또 일부 구간에 같이했다가 빠지기도 하고, 숙박 문제, 식사 문제 등등 굉장히 복잡한 행사인데 그런 거를 누가 주도해서 어떻게 처리하셨어요?

동수 아빠　　　그러니까 일단은 시민 단체들하고 협조를 하면서 가장 힘들었던 게, 저희 가족들은 어떻게든 끌고 나가겠는데 일반 시민분들이 오시다 보니까 식사 문제가 상당히 이상했었어요. 그니까, 대충 몇 명이 걷다 보니까 대충 인원수는 나오는데 어느 순간 보면 그게 팍 늘어난단 말이에요. 식사가 또 오버가 되고, 또 마찬가지로 숙소도 처음에는 이제 가족들 위주의[로] 숙소를 잡다 보니까[잡았는데] 일반 시민들도 처음부터 끝까지 걸어서 완주하겠다고 하시는 분들이 하나둘씩 늘어나는 거예요. 그 숙소[를] 잡는 것도 상당히 만만치 않았거든요. 그러다 보니까 저희들[을] 도와주는 시민 단체 분들이 많은 애로 사항이 있었죠.

그리고 이제 가족들만 하다가 시민 단체에서 다른 시민들까지 방도 잡아주고 식사도 같이해야 되는 상황이다 보니까 여기에서 상당히 많은 상황이 이제 발생하는데, 지금 여기 활동은 안 하시지만 상호 아빠가 상당히 많은 도움을 줬죠. 그니까 우리보다 먼저 앞서기 가지고 그 시민 단체[를] 만나서 인원이 몇 명이고 방을 어떻게 하고, 이런 식의 형식을 상호 아빠가 많이 컨트롤해 줬죠. (면담자 : 그 당시 사무처장이죠?) 네.

면담자　　　그래서 19박 20일을 걸으셨어요. 이제 진도에 도착하셨고, 마지막으로 두 가지를 더 여쭙고 싶은데, 진도에 도착하셨을 때 어떤 느낌이셨는지를 하나 여쭙고 싶어요, 우선은.

**동수 아빠**   느낌은 (면담자 : 엄청난 일이었거든요) 딱히 없었고, 그냥 딱 진도대교부터는 그냥 눈물만 나오더라고요. 뭐 다른 게 없었어요. 뭐 감정, 그런 건 없고 그냥 눈물만 나더라고요. 거기에 딱, 진도대교 앞을 가니까, 그니까 숙박을 진도대교 앞에서 숙박을 했었어요 저희가, 그리고 나서 진도대교 건너가는 순간부터 '아, 진도네?' 이런 생각이 있는 반면에 이제 진도에서, 그니까 저희는 진도가 아니라 팽목항이죠, 팽목에서 있었던 일들이 막 지나가는 거예요, 이게. 그러다 보니까 나도 모르게 계속 눈물이 나는 거예요. 다른 거는, 뭐 감정이 어떻고를 떠나서 눈물만 나니까 나도 모르게 '아, 왜 눈물이 나지?' [하는 생각이 들더라고요]. 1년 넘게 거기 있었잖아요. 순간적으로 '글쎄 어떤 마음이었을까?'라고 생각을 해봤는데 그걸 못 찾겠더라고요, 어떤 마음이었는지를. 그냥 (면담자 : 눈에서 눈물만 나는) 네. 이제 그러면서 진도[에] 막 들어가서 딱 학교에서 숙소를 잡고 자는데 아프더라고요. 그때 왜 아팠냐면은 그 전까지는 생존자 학생들은 안 왔었어요. 근데 진도에서 생존자 학생들이 같이 걷기 시작했거든요. 아이들을 보는 순간부터는 아프더라고요. 그러면서 가장 생각 많이 났던 게 그때는 이제 아이들, 동수가 가장 생각 많이 나더라고요.

**면담자**   팽목항으로 올 때 영상을 찍은 분이 계셔요. 4·16TV에서 일단 찍었죠. (동수 아빠 : 찍었어요) 그때 함께 찍은 호성 아빠가 "우리 유가족들이 정말 위대해 보였다"라는 말씀을 진심으로 하시더라고요. 동수 아버님이 보시기에 그 19박 20일의 유가족들의 행진에 어떤 위대함이랄까, 의미랄까 이런 것들은 어떻게 생각하세요? 이게 두 번째 질문입니다.

동수 아빠    저는 가족들의 위대함이라기보다는 저는 엄마들의 위대함이라고 느껴요, 저는. 그러니까 처음에 이렇게 도보 행진을 시작했을 때 나는 사실 아빠들이 많이 나올 줄 알았어요. 근데 엄마들이 많이 지원했거든요. 그러면서 내심 불안했던 게, '과연 이 일정을 전부 다 어머님들이 걸을 수 있을까?'라고 저는 의구심을 가지고 시작했어요. 왜 그러냐면 안 걸어봤기 때문에…, 19박 20일이 장난이 아니거든요, 안 걸어봤기 때문에. 그런데 그렇게 아프면서도, 그러니까 아프면 저희가 차에 태워요, 나중에, 나중을 생각해서. 근데 그렇게 아프다고 하시면서도 차를 안 타시더라고요. 그래서 저는 엄마들의, 그니까 모성애가 얼마나 위대한지를 그때 처음으로 많이 느꼈어요, '그정도로 엄마들이 자식을 생각하는 마음이 깊구나'. 물론 아빠들도 마찬가지겠지만 엄마들의 그런 걸 보면은 그걸 처음으로 제가 느꼈던 거 같아요.

면담자    '아이들이 당했을 고통에 비하면 이건 아무것도 아닌데, 내가 여기서 무너질 수 없다' 이런 마음이었을까요?

동수 아빠    아마 그런 마음이 제일 크지 않았을까요? 그니까 저도 이제 안 걷다가 걸어보니까 봉와직염[일종의 급성 화농증]이라는 걸 저도 걸렸거든요. 그니까 이 도보 행진 하면서 저하고 준형이 아빠하고는 둘이 이제 봉와직염이라는 걸 걸려봤는데, (면담자 : 죄송합니다. 봉…) 봉와직염. (면담자 : 봉와?) 직염. 그니까 다리에 종양[염증]이 생기는 거예요, 종아리에. 그래서 그걸 걸러봤는데, 안 걷다가 걸으면은 걷는 거는 문제가 안 되는데, 아까 제가 말씀드렸지만 [장]훈이나 저나 스태프로 하다 보니까 앞에 선두나 뒤에 쪽에 항상 패트롤 카가 붙어 [붙어]주면서 교통정리를 해주잖아요. 근데 여기서 수원까지는 괜찮았고, 수원에서 넘어가면 충청권이잖아요. 충청권에 넘어가니까 패트롤 카가 딱 한 대밖에 없는 거예요. 그러다 보니까 이것을 교통정리를 못 하다 보니까 항상 이 선두보다 먼저 가서 모든 교통정리를 해야 되잖 아요. 그럼 선두[가] 다 지나간 다음에 끝까지 지나가면 다시 뛰어가 서, 앞에 가서, 이러다 보니까 봉와직염이…, 걸으면 괜찮은데 계속 뛰어다녀야 하는 상황이다 보니까. 그러면서도 제가 그렇게 해서 하 루인가 이틀인가 빠졌거든요, 워낙 걷지를 못 하니까. 그런데 엄마들 은 그것보다 더했는데도 그걸 걷는 걸 제가 봤거든요. 그러면서 제가 그분들의 위대함을 느꼈죠.


# 7
## 인양 업체 선정 과정과 인양 방식에 대한 불신


면담자　　　2015년에 들어와서 이제 인양에 대한 정부 발표가 나 잖습니까? 그게 언제쯤이었습니까?

동수 아빠　　4월에 발표가 나죠, 인양 발표가. (면담자 : 4월 초순?) 초, 초? 중순이죠, 중순. (면담자 : 그러면은 이제 시행령 파동이 일어나서) 나기 전, 그러니까 시행령하고, 시행령 파동하고 인양하고 두 가지를 정부[에게], 저희가 요구를 해서 시작을 해요. 그래 가지고 시행령은 잘못된 거라고 저희가 요구를 했고, 그러는 와중에 인양도 해야 된다고 [하는 것이] 요구 사항이었고…. 정부가 그때 많은 고민을 해서 인양을 먼저 발표를 했죠.

면담자      인양 발표가 결국은 시행령과 관련된 유가족들의 강력한 폐기 요구를 무마시키고, (동수 아빠 : 네, 무마시키기 위한 하나의 방편으로 그걸 했다고 저희는 생각해요) 그리고 같은 시기에 배·보상을 신청하라는 것, 그 세 가지를 정부에서는 같이 진행한 거군요. (동수 아빠 : 그렇죠) 그 점에 대해서는 어떻게 해석을 하서요?

동수 아빠      그니까 정부 입장에서는 계속 저희들이 이제 뭐 농성부터 시작해서 청와대 쪽으로 많이 가려고 했던 상황이 계속 발생했잖아요. 근데 '그런 상황을 좀 무마시킬 수 있는 게 무엇이냐?'라고 생각했을 때, 일단은 배·보상 문제는 언론을 통해서 저희를 압박하기 위한 하나의 수단이었던 거고, 또 인양하고 시행령을 두 가지를 다 저희가 요구를 그때는 크게 했던 상황인데, 시행령에는 기소권과 수사권 내용이 계속 저희들이 주장을 하는 상황이었잖아요, 그때 당시에.

근데 정부 입장에서는 '그걸 계속 주장하는 것을 무력화시킬 수 있는 게 뭐냐?'라는 걸 아마 판단을 했을 거 같아요. 그리고 또 인양에 대한 검토는 2014년 12월 딜에 선제저리기술TF팀이라는 게 운영이 돼요. 그래서 그때 당시에 거기에서 인양이 가능하다는 결론이 나왔었어요. 90[개], 그니까 세월호[가] 지금 누워 있는 상황에서 97개인가 구멍을 뚫어서 인양이 가능하다는 게 결론이 나왔기 때문에 그래서 인양을 정부가 그거를 토대로 해서 아마 결정을 하지 않았나 [생각돼요]. 그러면서, 그렇게 해서 거기에는 여론도, 인양에 대한 여론이, 기사가 계속 나올 것이고 그러면은 한꺼번에 이제 다 잡을 수 있기 때문에 배·보상, 인양 이 두 가지만 가지고도 기소권, 수사권, 이 시행령을 잡을 수 있기 때문에 정부는 아마 그렇게 하지 않았을까라고 지금까지 판단을 하고 있어요.

**면담자** 실제로 11월 초에 수색을 중단하고요. 그다음에 12월에 인양과 관련된 기술 TF를 운영했으니, 시간상으로 보면 2015년 초면 인양 가능성 여부에 대해서는 답이 나왔을 공산이 크고 (동수 아빠 : 나와 있었죠, 이미) 그러면 인양에 대한 정부 입장 발표를 1월에 하고, 이렇게 했다면 시행령 싸움을 더 본격적으로 (동수 아빠 : 할 수가 있었죠) 진행할 수가 있었다고 보시는 거죠? (동수 아빠 : 네, 그렇죠) 근데 배·보상도 그렇고 인양도 그렇고 결국은 2015년 4월에 집중해서 한 것은 나름대로 정부의 목표가 있었다고 지금 해석하시는? (동수 아빠 : 네, 저는 그렇게 해석을 하고 있어요) 알겠습니다. 이 판단은 중요한 지점인 것 같아요. 결국 인양이 수단화되는 (동수 아빠 : 네, 그렇죠) 것이죠. 그래서 인양에 주로 주목하고 활동하셨던 동수 아빠 입장에서는 이게 4월에 발표되는 게 속으로는 참 힘드셨을 거 같아요.

**동수 아빠** 그렇죠. 그때 이제 2주기 맞고 하면서 인양이 발표는 됐지만은 준비가 안 되어 있는 상황이잖아요. 어느 누구도 준비가 안 되어 있는 상황이다 보니까, 아 인양은 발표는 됐지만 준비가 안 되어 있[어서], 아까도 그래서 내가 내부[세월호 참사 국민대책회의] 운영위하고 싸운 것도 이런 것 때문에 내부 운영위하고 많이 부딪쳤죠. 저희는 나름대로 어느 정도 준비를 했다 하지만은 백 분의 일도 몰라요, 인양이라는 것 자체에 [대해서]. 세월호, 뭐 선박에 대해서도 아는 게 있어야 되잖아요. 그러다 보니까 혼란이 오기 시작했어요. 인양이 결정은 됐지만은 '아, 이거 어떻게 끌고 나갈 수 있을까?' 혼란이 오기 시작했죠.

면담자        포괄적으로 보면 "시민 단체 전체가 인양에 대한 지식이 너무 적어서 일하시면서 답답했다"라는 얘기를 하신 것 같은데, 구체적으로 예를 들자면 어떤 것을 두고 대립하셨어요?

동수 아빠        그러니까 인양은 정부에서 발표가 시작이 되었고, 그러면은 선박에 대해서 아는 사람, 그다음에 인양에 대해서 공부를 한 사람, 그다음에 그 여러 가지 장비에 대해서 아는 이런 사람들이 모여서 회의를 하고 어떻게 진행할[지] 방향을 잡아주면은 저희가 가기가 편한데, 그게 없다 보니까 저희 스스로 이것을, 모든 것을 개척을 해야 되는 상황이잖아요.

그런다고 저희가, 진상분과장이나 저나 뭐 사회적으로 아는 사람이 없잖아요. 맨날 공장이나 다니던 사람들이 그런 뭐 진문, 뭐 조선공학[을] 전문으로 하시는 분들을 모르죠. 모르니까, 그때도 협력을 해주면은 만나서 이 얘기도 해보고 저런 얘기도 해보고 또 업체도 상담을 해보고 이렇게 조언을 구해나갈 수가 있는데 그게 없다 보니까 그 부분이 답답했던 거에요. 그래서 많은 요구를 했죠. '제발 좀 인양에 대해서 좀 관심을 가지고 전문가 집단을 만들자' 이 부분에 대해서 내부 운영위하고 대립이 됐죠. 그니까 그것을 해준다고는 했는데, 저도 알아요. 그게 여건이 잘 안 된다는 것을. 그렇지만 답답한 마음이 있다 보니까….

면담자　　　조선공학을 포함해서 물리학 등 여러 분야의 전문가가 필요했겠네요. 그다음에 아까 얘기하신 방법, 기술과 관련된 것, 장비와 관련된 것, 이런 것들의 전문가들이 필요했을 텐데, 국민대책회의에서 그런 분들을 못 모은 이유가 뭐라고 보세요?

동수 아빠　　　음, 글쎄요. 그건 잘 모르겠지만 일단은 인양도 인양이지만은 가장 중요한 싸움을 하고 있다 보니까 거기에 많이 집중을 했었어요, 그니까 특별법. 인양은 정부[가], 이건 입찰을 통해서 하는 거기 때문에 잘해줄 거라고 아마 좀 믿었던 거가 일부 바탕에 있었던 거 같아요. 그러다 보니까 여기는 조금 뒤로 가도 상관없고, 다만 지금 제일 급한 게 시행령이니까 이 시행령 쪽에 많이 올인을 하다 보니까 이 부분을 놓치고 간 게 아직까지도 [아쉬움으로] 남아 있는 거 같아요.

면담자　　　동수 아버님이 인양분과장 입장에서는 시민 단체들과 협조해서 무슨 인양 전문가나 자문위원회라든지 등을 구성해서 그들과 협의해서 정부와 협상할 수 있는 (동수 아빠 : 대화할 수 있는 이게 되어야 되는 건데 그게 좀 안 됐던 게) 그게 안 되었던 게 결국은 인양이 끝나고, 그리고 목포 신항에서의 직립 과정을 거치고 그 이후에 선체 조사를 하는 모든 과정을 생각해 봤을 때 큰 아쉬움으로 남는다, 이렇게 제가 해석을 해도 되겠습니까?

동수 아빠　　　네, 아쉬움으로 남기보다 제일 힘들었던 부분이 그 부분이에요.

면담자　　　인양 발표가 나기 직전입니다마는 4월 4일 날, 그러니까 4월 1일부터 4일까지가 정말 가슴 아픈 시기였어요. 삭발과 영정

사진 시위가 있었죠. 동수 아버님도 하신 걸로 제가 알고 있는데, 어떤 계기로 하게 되셨고, 삭발을 하실 때에 심정이 어땠는지를 좀 얘기 부탁드리겠습니다.

**동수 아빠**    일단은 아까도 말씀드렸듯이 '몸으로 할 수 있는 것은 해보자'는 게 기본적인 입장이었고, 근데 머리를 깎는다는 자체는 처음에는 부담감이 있었어요, 이건 진짜 죽을 각오가 아니면은 머리를 깎는 게 아니라는 것을 알고 있었기 때문에. 근데 '어차피 한 번 죽은 목숨, 아이들 때문에 버티고 있는 거니까 그냥 끝까지 가보자' [하는] 오기가 생겼어요, 그때. 그렇게 단식도 해가면서 해봤지만은 돌아오는 게 없다 보니까 이제 오기가 생기더라고요. 도보 행진도 해봤고, 이제 오기가 생기니까 '한번 해보자' 그래서 이제 오기로 시작한 게 이제, 저는 좀 오기로 시작을 해서 삭발도 했고, 그러는 과정 중에서 오기로 시작은 했지만은 그때를 생각해 보면은 참 뭐라고 해야 되나, 아려요.

'우리가 이렇게까지 해야만 하는 이유가 있나?' 그니까 '세월호가 대체 뭐길래 가족이 이렇게 단식도 하고 삭발까지 해야 되는가?' 마음이 아리더라고요, 진짜 세월호가 뭐길래…, 도보 행진도 할 때는 그런 생각은 안 들었어요. 그니까 안산에서 갈 때까지는 그것까지는 생각이 안 들었는데, 그렇게 생각이 들면서 저희가 또 안산에서 영정을 가지고 또 그렇게 올라갔잖아요. 그런 오기가 생기더라고요, '대체 이 세월호가 무엇이길래. 무엇을 숨기길래 이렇게까지 하는가'. 그러는 과정 중에서 '아, 이건 끝까지 가봐야겠다'는 오기가 생겼어요.

**면담자**    지금 말씀하신 거는 4월 1일 날 시행령 파동이 본격화

되어서 삭발들을 하시고 4월 4일 날 안산에서 광화문까지 1박 2일로 다시 영정 사진을 들고 도보 행진을 했던 과정에 대한 말씀이시네요. 안산에서 광화문까지 행진한 게 이게 두 번째이지 않습니까? 14년에 한 번 있었고. 이 안산에서 광화문으로 도보 행진을 하면서 주변의, 시민들의 반응이라든지 이런 것들이 14년의 도보 행진 때하고 느낌상의 차이라든지 이런 게 있으셨는지?

**동수 아빠**　　큰 차이는 없었어요. 큰 차이는 없었는데, 그니까 여기서 올라갈 때는 사람들이 많은 격려를 해주셨는데 다만 이게 서울에 들어가서, 서울에서 약간 차이를 느꼈죠. 처음과는 달리 야유를 하시는 분들이 좀 있더라고요. 그 차이가 조금 느껴지긴 했었어요.

**면담자**　　야유는 그때 정부에서 배·보상 발표를 하고 (동수 아빠: 대대적으로 했죠) 언론에서도 대대적인….

**동수 아빠**　　그니까 배·보상 문제는 정부에서 발표는 했지만은 언론에서 대대적으로 "10억 가까이 되는 돈을 받는다" 이렇게 해버리니까 그게 아마 가장 힘들었던 거 같아요. 그러면서 그 10억이 뻥튀기가 된 게, 좀 많았죠, 10억이 아니라 더 받는다라는 걸로 해가지고….

**면담자**　　그런 이야기들이 특조위의 예산이 배분되는 것과도 맞물려 다시 언론 등을 통해 유가족들에게 여러 가지 불리한 여론이 형성되는 과정이었겠네요.

**동수 아빠**　　그러니까 돈과 관련해서는 가장 많이 불리하게 작용했던 때가 그때죠.

면담자　　　이제 본격적으로 인양 얘기로 가겠는데요. 4월에 인양 발표가 되고 그 이후에 유가족들과 해수부 사이에 어떤 협의 같은 게 있었습니까?

동수 아빠　　없었어요. 그러니까 다만 인양 추진단이 생기고 이제 몇 차례 회의는 했었죠. 가족들하고 회의를 해가지고 어떻게 진행을 하겠다라는 걸 발표, 말은 했는데, 구체적으로는 일정이 저희한테도 다 있었어요. 어떻게, 어떻게 진행하겠다는 일정이 있었는데 다만 그 일정에 저희 가족들을 전혀 참여 안 시켰던 거죠.

면담자　　　처음에 발표된 일정이 대체로 어떤 것이었습니까?

동수 아빠　　일단은 입찰 공고를 내겠다는 얘기를 하고, 입찰 설명회, 그다음에 입찰 공고가 나고 업체 선정, 평가를 하겠죠. 평가하고 그러고 업체를 선정하는 보통 이런 과정으로 이루어지는데, 입찰 공고를 내고 거기까지는 괜찮았어요, 입찰 공고[지] 내는 것까지는. 근데 입찰 공고를 내고 설명회를 하잖아요. 근데 설명회 날짜를 저희가 알고 있었는데 그때 "저희[가] 간다"[라고] 그러니까 저희를 못 오게 막더라고요, 입찰 설명회를. "아니, 입찰 설명회인데 그거 우리가 들어도 상관없지 않냐?"[라고 했지만] 그때부터 저희 가족들을 본격적으로 인양에 대해서는 배제를 하기 시작한 게 아마 그때부터일 거예요.

면담자　　　입찰 설명회를 어디서 하셨는지 혹시 아십니까?

동수 아빠　　서울 조달청에서 했죠.

면담자　　　일반적으로 입찰 설명회는 공개입찰이기 때문에 누구나 들어갈 수 있어야 정상인데 그때 유가족들이나 일반 시민들은 들어갈 수 없는 입찰 설명회를 했다는 얘기네요.

**동수 아빠**　　그니까 세월호[와] 관련해서는 모든 걸 막았죠.

**면담자**　　입찰 설명회를 그렇게 한 이유는 뭐라고 현재 추정을 하세요?

**동수 아빠**　　어, 일단은 입찰 설명회를 하게 되면은 여러 가지 질문이 나올 거 아니에요. 처음부터 그런 거에 대해서 차단을 하기 위한, 그러니까 우리도 나름대로 공부를 그때부터 시작을 해서 어느 정도 알고 있는 상황이다 보니까 이제 그런 질문을, 어떤 질문이 나올지 모르잖아요 저희들 입에서. 그러니까 아예 철저하게 저희를 배제하기 위해서….

**면담자**　　입찰 공고 시에 액수가 공개됐습니까? (동수 아빠 : 네, 1000억 미만으로) 그래서 이제 입찰 설명회를 참여가 가능한 업체들에게만 공개하는 방식으로 진행했을 때 입찰에 참여한 업체들이 있었겠네요. (동수 아빠 : 네, 그것도 철저히 비밀로 부쳤죠) 그러면은 어떤 업체들이 입찰에 응했는지 전혀 (동수 아빠 : 전혀 몰랐어요) 몰랐었네요.

**동수 아빠**　　다만 저희가 이제 인양에 대해서 모르니까 [여러] 업체를 방문했었다 그랬잖아요. 그러니까 그중에 두 개 업체는 참여한다는 내용은 알고 있었고, 다만 그 회사가 어디하고 커뮤니케이션을 하냐, 외국, 그니까 이 입찰은 외국하고 커뮤니케이션을[이] 되어야만 입찰을 할 수 있는 과정이니까 어디하고 커뮤니케이션 하나에 따라서 많이 좌우가 되는 과정이라서…. 이제 두 개 업체는 저희가 알고 있었고, 이제 '그 업체는 대충 이런 업체하고 할 거다'라는 내용은 알고 있었는데, 그래 가지고 '아, 두 개 업체는 저기하고 하겠구나' 그리고 나머지 업체, 우리나라[에] 손꼽았을 때 그렇게 할 만한 회사가 없었거든요. 아, 그래서 일곱 개[를] 들었는데, 아무리 머리를 굴려봐도 일곱 개 업체가 나오지 않는 거예요. 그래서 나중에 이제 특조위를 통해서 그걸 받아봤을 때, '참, 이런 회사도 있었나?'라는 생각이 들 정도로 했었으니까….

면담자       나중에 자료로 봤을 때 일곱 개 업체가 어디였는지 대충은 기억은 하십니까?

동수 아빠       어, 태평양, 그다음에 오션, 상하이, 아니 코리아샐비지, 샐비지코리아, 그다음에 하나가, 두 개가? 또 하나 업체는 다섯 개 회사가 합쳐서 들어왔고, 이렇게 되어 있는 상태였죠. (면담자 : 상하이 샐비지, 중국이 두 개) 네. 중국이 그니까 (면담자 : 차이나샐비지하고) 네, 중국이 두 개, 미국이 하나, 그다음에 어디더라, 아이고 다 기억이 안 나네.

면담자       유럽에서 하나 들어왔었죠. 저도 들었는데 잊어버렸습니다.

동수 아빠       그래서 총 일곱 개 업체가 들어왔죠. 근데 이 인양[괴] 관련해서 한 나라에서 두 개가 들어올 수는 없는데 유독 중국에서만 두 개 업체가 들어왔죠.

면담자       중국의 그 두 개 업체의 관계에 대해서 아십니까? (동수 아빠 : 네, 알고 있습니다) 말씀해 주시죠.

동수 아빠    국영 기업이고요. 아무래도 두 군데가 국영 기업이고, 두 개 다 한 회사의 자회사예요. 그러니까 큰 회사가 있는데 그 회사의 자회사거든요. 그래서 두 개가 들어와 있는데 두 개 다 서로 같은 회사 소속인 걸로 [알고 있어요].

면담자    그러니까 차이나샐비지하고 상하이샐비지는 어느 쪽이 되어도 결국은 같은 회사가 하는 거네요. 그 상황은 나중에 파악하실 수 있었던 거네요.

동수 아빠    네, 그렇죠. 그러니까 어디냐, 특조위로부터 그걸 받고 저희도 나름대로 조사를 해보니까 같은 회사더라고요, 나뉘어져만 있을 뿐이고.

면담자    사실은 그러면 입찰 과정과 선정 결과 등도 (동수 아빠 : 아직까지도 그걸 잘 몰라요) 진상 규명의 대상일 수 있겠네요.

동수 아빠    그것은 현재 조사하고 있어요. (면담자 : 아, 그렇습니까? 사참위에서?) 네.

면담자    그 사안도 조사 대상으로 설정하고 조사하고 있습니까?

동수 아빠    네. 그니까 인양 과정이 투명한 게 하나도 없어요. 그래서 아마 올해 박주민 의원이 인양[과] 관련해서 대정부 질의를 한 번 이번에 했을 거예요. 그런 사안에 대해서 계속 조사하고 있는 걸로 알고 있어요.

면담자    인양 업체 최종 선정에서 가장 핵심이 되는 것이 심사 과정일 텐데, 심사 위원의 선정이라든지 등에 대해서도 알려진 게 혹시 있습니까?

동수 아빠    없어요. 그니까 다만 심사 과정 중에서 1차 심사에서 상하이샐비지가 6위인가 했고, 스미트가 1위 했었어요. 2차 심사에서 완전히 뒤바뀌어 버리죠. 상하이가 1위로 올라가고, 스미트가 4위인가, 아 7위로 떨어지죠.

면담자    1차 심사는 뭐고, 2차 심사는 뭡니까?

동수 아빠    그니까 그걸 모르겠다니까요. 그러니까 심사를 그렇게 했다고 그러는데 어떤 식의 심사가 이뤄졌는지 모른다는 거죠.

면담자    패널 심사라고 그러는데 토론하면서 심사하는 방식이죠. 그니까 그런 것이 2차에 있었고, 1차에서는 주로 회사 능력이라든지, 제안 내용 등을 서면으로 심사한다든지 하는 내용이 전혀 알려져 있지 않은 상태네요.

동수 아빠    그니까 기술평가, 내용은 나와 있어요. 기술평가, 그다음에 수행평가, 가격평가, 이런 식으로 되어 있는데, 1차와 2차로 나누어서 평가를 왜 했는지 모르겠다는 거죠. 그니까 그러고 나서 그게 왜 이렇게 순식간에 [순위가] 뒤바뀌었는지도 정확하게 공개된 게 없어요.

면담자    8월경으로 제가 기억합니다만 상하이샐비지로 선정이 끝나잖아요. 그니까 4월에서 8월까지의 시간이 걸려야 되는 사안입니까? 어떻게 보십니까?

동수 아빠    네, 그 정도 걸려야 되는 사안이 맞고요. 그 사안은 맞는데 다만 그 기간이 좀 복잡한 게 뭐냐면은 이 기간 내에 정부가 준비를 할 수 있는 시간이 상당히 많았거든요. 그런데 너무 허술하게 준비한 게 많아요. 그니까 상하이가 됐더라도, 상하이가 이제 되면은 그 업체에서 들어올 여러 가지 품목들에 대해서 살펴봐야 하는 게 기본적인 입장인데, 해수부가 오히려 상하이한테 끌려가는 입장으로 표현이 된 거예요.

그러니까 상하이가 뭘 요구를 하면 그걸 해수부가 다 들어주는 입장이었거든요. 물론 그게 맞긴 하겠지마는 그래도 우리나라 정부가 하는 일인데 그것을 주도권을 못 잡고 끌려가는 형태의 일을 계속했던 거예요. 그니까 잠수사를 예를 들어서, 잠수사를 하게 되면 최소한 여기하고 소통을 할 수 있는 구간을 만들어줘야 되잖아요. 그러면은, 다만 세월호의[에] 들어갔던 잠수사들이 있잖아요. 그러면 그 사람들은 세월호의 구조를 안단 말이에요. 그럼 거기에 대해서 최소한 한국 잠수사 몇 명[은] 같이 들어가서 논의를 한다든지 이런 게 되어야 되는데 그게 딱 잘라져 버린 거죠. 전부 다 중국 사람들로 채워져 버린 거예요. 그러니까 이게 뭐냐면은 아예 말이 안 새어 나오게 막아버린 거죠, 철저하게. 왜 그렇냐면은 중국 사람하고 누가 어떻게 대화를 할 수 있는 상황이 아니잖아요. 그런 것부터 하나[하나] 철저하게 준비를 하는 과정을 해수부가 거쳤던 거죠.

면담자    지금 말씀하시는 부분이 이제 선정이 끝나면 상하이샐비지가 뭔가 제안서라는 걸, 아주 구체적인 제안서를 냈을 거고요. (동수 아빠 : 네, 냈어요) 그다음에 입찰 공고가 나갔을 때는 이제 저희가 제안 요청서라고 하는데, '무엇 무엇의 요건을 갖추고 이러이러한

일을 해라' 하는 해수부의 요구죠. 우선협상대상 업체와 해수부가 제
안서와 제안 요청서를 놓고 구체적인 결정을 내리는 과업 지시서라는
것을 만들었을 텐데, 그 과정부터 해수부의 입장이 아니라 상하이샐
비지의 입장이 관철되는 계약을 맺었다, 이렇게 보시는 거네요.

동수 아빠    왜 그러냐면은 그런 입찰 과정을 통해서 얘기를 하게
되면은 우리가 요구하는 상황도 있을 거 아니에요, 저희가 가족들이.
근데 요구 사항이 하나도 안 들어갔어요. 그러니까 결국에는 끌려갔
다는 입장[이라고]밖에 저희는 볼 수 없다는 거예요. 그러니까 저희들
이 상하이샐비지, 그러면 어차피 됐으니까 '그러면은 세월호를 세워
서 인양을 하자'[라고] 요구를 했었어요, 계속. (면담자 : 해수부 단장에
게?) 네. 근데 그걸 계속 묵살을 했죠. 그러면은 "그럼 어떻게 할 거
냐?"[하니까] 그냥 눕혀서 인양을 하겠다는 거예요. 그 방식이 다 나왔
을 거 아니에요, 어떻게 인양을 하겠다 [하는]. 아니 생각해 보니까 거
기에다가 공기 부력재를 넣고 빔을 넣고, 말도 안 되는 소리를 하고
또 있는 거예요. 그리고 정작 인양은 크레인으로 하겠다는 거예요.

  이게 가장 저희한테는 문제가 됐던 거예요. 바다에서 크레인으로
인양할 수 있는 게 거의 없어요. 작은 배들은 그냥 크레인으로 인양할
수 있는데, 세월호같이 큰 배는 1만 톤짜리 크레인[을] 가지고 인양하
겠다는 자체가 좀 불가능하거든요. 왜 그러냐면은 그 바다 조건이라
는 게 파도가 잔잔해야 그걸 인양할 수 있는 상황이고 풍속도 도와줘
야 하는 상황이에요. 모든 조건이 맞아야 되는 상황인데 그러니까 그
때 상하이샐비지가 된 게 12월 말까지 해서 인양을 하겠다는 게 기본
적인 조건이잖아요. 근데 우리나라에는 보통 5월부터 7월, 8월까지가

127
•
2회차

태풍이 오는 시기예요, 주로 오는 시기가. 그럼 가장 좋을 때에 그러면 인양을 해야 되는데, 그러면 8월 정도에서 10월 사이 이 정도가 인양이 가능한 시기인데, 그러면 그 인양 가능한 시기의 날짜를 저희도 또 꼽아봤죠. 근데 보통 크레인으로 인양하려고 그러면 5일 정도 걸려요, 준비하고 뭐 하고 하면 시간이. 5일 동안 날씨도 도와준 때가 한 번도 없거든요. 이런 걸 저희가 판단했을 때 좀 불가능하다는 게 저희 입장이어서, 방식을 좀 바꿔달라고 요청도 했었고, 근데 결국에는 그게 하나도 안 먹혔다는 게 문제가….

**면담자**　　　상하이샐비지가 제안한 인양 방법 등에 대해 지금 부분 부분 말씀하셨는데요. 그다음에 그 방법을 써서 언제까지 인양을 하겠다라는 게 제안서 내용의 핵심일 텐데, 그게 소위 말하는 인양 기술에 관한 거잖습니까. 그러면 그 기술, 제안한 기술의 내용에 대한 평가하고, 제가 지금 평가 얘기로 잠깐 돌아가겠습니다. 그다음에 가격 평가를 통해서 샐비지가 선정됐을 거예요. 근데 지금 말씀하신 거는 제안한 내용이 유가족들이 보기에는 맞지 않았다는 말씀이고, 근데 가격은 어땠습니까?

**동수 아빠**　　　가격은 제일 쌌죠. 851억 [원]이었으니까. 그니까 스미트가 1400억, 제일 높았고, 제일 싼 업체가 결정됐는데….

**면담자**　　　그러면 유가족들 입장에서는 납득하기 어려운 방법을 제안하고 가장 싼 가격에 제안을 한 업체를 해수부에서 선정한 것으로 해석하시는 거네요.

**동수 아빠**　　　그렇게 해석도 했고, 가장 중점적으로 생각했을 때는,

'쟤들이 인양을 제대로 할 수 있을까? 인양을 아마 딜레이시키려 하거나 인양을 안 할 수도 있다'라는 게 저희들이 가진 보편적인 생각이었죠.

면담자        당시 상하이샐비지가 선정됐을 때 아버님의 생각을 말씀하신 거네요.

동수 아빠        왜 그러냐면은 상하이샐비지[라는] 업체를 저희도 나름대로 확인을 해봤어요. 근데 인양을 하는 회사는 아니에요, 주로 공사를 하는 회사지. 인양을 해본 적이 없는 회사이기 때문에⋯, 한 번도 인양이라는 것을 안 해봤어요. 아, 사고 나고 딱 한 번 했네요. 그니까 세월호 인양이 결정되고 그리고 얼마 안 있다가 중국에서 양쯔강인가에서 배 하나 침몰했죠? 배 하나 침몰했잖아요. 그걸 건진 게 상하이샐비지예요. 그냥 정부, 거기는 공산국가이니까 배 건지라고 하니까, 그냥 둘둘 말아서 건졌잖아요. 그게 상하이샐비지예요.

면담자        기술 부분은 조금만 더 말씀을 여쭙겠습니다. 그러니까 크레인으로 인양을 한다고 하는 것은 배의 몇 군데를 크레인으로 묶어서 올린다는 (동수 아빠 : 아니, 전체적으로 다 묶어요, 전체적으로) 몇 개를 묶어요, 보통?

동수 아빠        그때 묶는 게 66개. 빔을 넣어서 묶는 거였으니까 66개를 묶는 거죠.

면담자        빔을 넣어서 크레인으로 66개를 끌어낸다면 배의 양쪽에 빔이 들어갈 수 있는 구멍을 뚫어야 되는 겁니까?

동수 아빠   아니요. 땅을 파서 배 밑으로 집어넣는 거죠.

면담자   그게 현실적으로 가능합니까?

동수 아빠   그게 가능했죠. 근데 다만 문제가 뭐냐면은 이게 크레인으로 이걸 들어서 무게를 잡아야만이 배가 손상이 없이 가는데, 그걸 계산을 잘못하는 바람에 선수가 찢어졌죠, 6.5미터에서 7.1미터 [정도]. 무게중심을 잘못 계산, 처음에 하면서 [잘못 계산해서], 그러고 나서는 나중에 그걸 실패하고 그 이후에 한 번에 리프팅 빔을 15개 넣고 그 이후에 나중에 이제 선미에다가 넣는 작업이 좀 오래 걸렸죠.

면담자   최초의 아까 60개, (동수 아빠 : 총 66개) 66개의 빔을?

동수 아빠   66개가 아니라 33개가 들어가요. 33개가 빔이 들어가는데 양쪽으로 줄을 걸기 때문에….

면담자   빔에 크레인 줄을 걸어서 끌어 올리는 방식이네요. 근데 그거는 빔을 배가 가라앉은 땅 밑을 파서 빔을 집어넣고, 그 빔을 크레인이 끌어 올리는 방식인데 그건 결국은 실패했네요.

동수 아빠   네, 실패를 했고 결국에는 겨울…, 조건이 안 맞는다는 조건으로 잭킹 방식이라는 걸 다시 바꾸죠, 상하이샐비지가. 그러니까 저희가 처음에 요구했던 방식으로 가는 거예요.

면담자   결국은 제안서에서 제안한 방식으로 진행했는데, 그게 결과적으로는 연말에 실패하는 거 아니에요. (동수 아빠 : 그렇죠. 연말까지 인양을 못 한 거죠, 해수부가. 아니 상하이샐비지가 못 했죠) 네네. 그 방법으로는 어쨌든 실패한 거네요. 그리고 약속한 기간은 2015년 말까지는 결국은 (동수 아빠 : 2016년) 아, 죄송합니다, 2016년, (동수 아빠 : 2016년 말이죠) 2016년 말. 그러면 새로운 방법으로 다시 할 수밖에 없는데 그럴 경우에는 비용 보전은 어떻게 하는 겁니까?

동수 아빠    비용이 그래서 더 추가가 됐죠. 그래 가지고 아마 851억에 하기로 했던 게, 총 들어간 게 1400[억 원] 얼마가 들어갔을 거예요, 인양 비용이.

면담자    결국은 최고가를 쓴 인양 업체가 제안한 금액만큼을 그 상하이샐비지가 받아간 것이네요. 그런 게 어떻게 보십니까? 합법적입니까, 어떻습니까?

동수 아빠    그니까 정확하게 정부가 어떻게 상하이샐비지하고 입찰을 했는지 그것을 어느 누구도, 제가 아까 말씀드렸듯이, 어느 누구도 모른다는 거죠. 그것까지, 그것도 아직까지 정확하게 공개된 게 없어요.

면담자    그 빔을 33개 박아서 끌어 올리는 게 왜 실패했어요?

동수 아빠    실패는 안 했어요, 크레인으로 못 한다는 거 자체가 처음부터 안 맞는 얘기를 했던 거고. 그니까 상하이샐비지가 무시한 게 뭐냐면은 일단 총톤수는 어느 정도 계산이 나왔어요. 근데 바닷속에 오래 있다 보니까 뻘[펄]이나 이런 걸 진히 감안을 못 했던 거죠, 뻘이 들어간 상황을. 그러다 보니까 무게는 계속 오버됐던 거고, 크레인으로 들 수 있는 상황도 안 됐던 게 겨울 날씨를 생각할 수밖에 없잖아요. 그래서, 그러다 보니까 좀 힘들었던 거 같고….

그래서 아마 상하이샐비지가 방식이 바뀐 게 11월 달에 방식을 바꾼 것을, 그러니까 2016년 11월 달에 인양 방식을 바꾸겠다고 기자회견을 해요. 그러면은 최소한 이 방식을 바꾸려면은 최소한 5, 6개월은 검토를 해야 돼요, 어떤 방식으로 바꿀지에 대해서. 그리고 전체적으로 준비를 하는 기간이 필요하기 때문에, 그러면은 11월 달에 발표했다 그러면은 앞으로 5개월 땡기면은 몇 월 달에 될 거 같아요? 최소한 6, 7월 정도에는 이미 상하이샐비지나 해수부는 이미 방식에 문제가 있다는 걸 염두에 두고 이미 그때부터 논의를 시작하지 않았을까? 그니까 크레인으로 이거 들다가, 처음에 들어서 실패했다고 말씀을 드렸잖아요. 그때부터 아마 방식에 대해서 논의가 이루어지지 않았을까 그렇게 생각을 해요.

면담자　　　지금 저희가 계약 단계 얘기를 하다가 기술 얘기를 쭉 나누었거든요. 지금 2015년 8월에 선정이 끝났고, 그다음 달이나 이 정도에는 계약이 됐겠죠?

동수 아빠　　네, 그렇게 돼서 8월, 8월 달에, 9월 달에 들어왔으니까 8월 달에 계약 체계가 완료가 됐죠.

면담자　　　그래서 9월부터는 작업에 들어갔는데 그러면 2016년 여름까지 1년의 시기인데, 그때는 빔을 박고 크레인으로 올리는 방법을 계속 진행하다가 이것이 불가능하다는 걸 판단하고, 추정으로는 6, 7월 정도부터는 다른 방식을 해수부와 상하이샐비지가 준비하고, 2016년 11월경에 다른 방식의 작업을 시작했다, 이렇게 보시는 겁니까?

동수 아빠　　네, 발표를 그때 했으니까 그 준비 기간을 본다면 그 정도라고 저는 생각을 하는 거죠.

면담자　　　유가족들은 상하이샐비지가 처음에 얘기한, 크레인으로 인양하는 방법은 불가하다고 보시는 것 아닙니까? (동수 아빠 : 네) 그러면 다른 어떤 방법을 생각하셨는지요?

동수 아빠　　　지금 말하는 그 잭킹 방식을 저희들은 얘기했었죠, 그게 가장 보편적인 방식이기 때문에. 그니까 이 방식이 어떻게 나오냐면은 정확하게 제가 연도는 모르겠지마는 소련에서 핵잠수함이 한번 사고 나서 가라앉은 적이 있어요. 그것을 인양한 게 스미트라는 업체거든요. 근데 그때 당시 스미트가 했던 게 이 잭킹 방식이에요. 그니까 핵탄두 있는 쪽으로 머리 앞에를 잘라버리고 나머지 부분을 통째로 인양한 게 바로 이 잭킹 방식이거든요. 그래서 잭킹 방식이 전 세계적으로 보편화된 거예요, 그 방식이, 인양 방식이.

면담자　　　잭킹 방식을 조금 더 구체적으로 설명해 주시죠.

동수 아빠　　　어, 잭킹이라는 게 그 바지선이 양쪽에 이렇게 있어요. 이렇게 있고, 양쪽에 실린더 같은 게 쭉 달려 있어요. 와이어 실린더[라고] 해가지고 무게를 자동적으로 컨트롤해 주는 역할을 [하는] 센서가 다 붙이 있어요. 그니까 어느 한쪽이 무거우면은 그쪽에 힘을[이] 덜 가고 더 가고 이런 식의 방식이 컨트롤되게끔 해주는 방식이거든요. 그래서 잭킹이라는 게 양쪽에 바지선이 있기 때문에 어느 한쪽으로 치우치거나 그런 건 없어요.

그다음에 이 잭킹이 무게를 잡아줄 수 있는 역할을 하기 때문에, 부력이 있기 때문에 또 바지에 자기 스스로 물을 채우고 물을 배출할 수 있는 기능이 다 있어요. 그러다 보니까 무게중심이 안정이 되는 거죠. 일단 흔들림이 없기 때문에, 그니까 밑의 조류의 영향을 잭킹은 덜 받는 거죠. 그니까 안정적으로 올릴 수 있는 거예요. 근데 크레인은, 아까도 말씀드렸지만, 파도가 치면은 전체적으로 흔들리는 역학[적 현상]이 생긴단 말이에요. 그다음에 이게 흔들리다 보면 밑에서 어떤 식의 조류가 또 영향이 와서 이게 크레인이 돌아갈지 모르거든요. 이 잭킹은 양쪽에서 잡아주기 때문에 안정적으로 올릴 수 있는 역할을 가지고 있어요. 그래서 그 차이가 있는 거죠.

면담자　　　그러면 그 잭킹 방식을 쓸 수 있는 바지, 말하자면 바지선을 가지고 있어야 되네요, 그 방법을 쓰려면. 상하이샐비지는 가지고 있었습니까, 그걸?

동수 아빠　　　있었겠죠. 그니까 바지선이라는 게 어려운 거 없어요. 큰 바지선에 이 실린더만 부착하면 돼요. 나머지는 컨트롤은 이제 기술적인 것은 얼마 안 걸려 있기 때문에….

면담자　　　제가 여쭌 것은 아니, 처음부터 지금 동수 아버님의 말씀에 의하면 성공적으로 인양을 한 경험이 있는 방법이고, 다른 업체에서도 그런 방법을 제안한 바가 있고, 제가 지금 동수 아빠의 설명만 들어도 '크레인 방식보다는 잭킹 방식이 무게 조절이 가능하기 때문에 훨씬 더 안정적이고 성공 가능성이 높겠다'라고 제가 판단이 되는데 그것을 해수부도, 상하이샐비지도 하지 않았다는 것에 대해 제가 이해할 수가 없어 (동수 아빠: 저희도 이해를 못 하는 거예요) 여쭙는 거예요.

동수 아빠   왜 그런 방식이 있는데 군이 크레인 방식을 쓰겠다고
했을까?

면담자   그래서 혹시 그 실린더를 장착시킬 수 있는 능력을 갖
고 있지 않다든지 뭐 이런 이유는 없었을까를 제가 여쭌 겁니다.

동수 아빠   아, 그런 건 아닐 거 같아요. 왜 그러냐면은 그, 만약에
그렇게 하려면은 최소한 빌리는 것도 이게 어려운 거는 아니거든요,
그 바지를 빌리는 것도. 왜 그러냐면 대부분 보편적으로 되어 있기 때
문에 바지선에 부착하는 것도 그렇게 어려운 것도, 그리고 실린더는
어느 정도 공용으로 나와 있어요. 그래서 쉬운, 어려운 문제는 아닌
거 같아요.

면담자   그때 인양할 때 그 바지선에 다리가 있는 거예요? (동수
아빠 : 아니, 아니요) 바지선의 다리를 바닥에 박는 게 아니고, 부상 방
식의 바지선이었네요. (동수 아빠 : 그렇죠) 근데 이제 물을 넣고 빼는
거에 의해서 조절을 하는 거죠?

동수 아빠   바지선이라는 게 언딘 리베로 생각하시면 똑같아요. 언
딘 리베로는 가보셨죠? 그게 바지선이에요. 근데 거기는 뭐 상황실이
있고 다 있잖아요. 그게 다 없다고 생각하시면 돼요. 그게 다 없고 그
냥 컨트롤타워만 하나 있는 거예요. 그래서 아무것도 없는 상태이니
까…, 바지선이 이렇게 있으면은 실린더가 양쪽으로 붙어요, 이렇게.
양쪽에 똑같이 있으면은 양쪽으로 붙는 거죠. 그래 가지고 줄을 여기
서 여기까지 다 연결시켜 놓은 거예요. 그러니까 어느 한쪽으로 계속
당겨주니까 안정적으로 올라오는 거죠. 그리고 이 바지선은 아까 말

쏟드렸듯이 물 배수를 자동적으로 하기 때문에 안정적으로 할 수 있는 거죠. 이게 줄을 박는, 이건 와이어를 박아요, 바닥에다가. 그래서 언딘 리베로[를] 생각하시면 똑같은 거예요. 근데 언딘 리베로는 뭐 컨테이너고 다 있었잖아요. 그게 없다고 생각하시면 돼요, 아예 간편하게.

**면담자**　　한 번만 더 확인하는데, 용어상 잭킹 바지선이라는 바지선이 있어서 걔는 바지에 다리가 달려가지고 바닥에 박잖아요. 그 바지선을 쓰지는 않았던 거죠? (동수 아빠 : 그것은 시추선이고, 그건 시추선이라고 하는 거고 이건 잭킹 바지라고 해요, 잭킹 바지) 그렇군요. 어쨌든 지금 말씀에서 핵심은 혹시 장비를 갖고 있지 않다고 하더라도 대여 등의 방법으로 (동수 아빠 : 그건 얼마든지 가능해요) 상하이샐비지에서 잭킹 방식을 쓸 수 있었음에도 불구하고 하지 않았고, 그것을 결국은 2016년 11월에 되어서야 쓰기 시작했다, 이렇게 정리할 수 있을 것 같습니다.

**동수 아빠**　　그리고 나서 잭킹 바지도 그거지만은 플로팅 도크를 사용 안 했잖아요. 플로팅 도크를 사용 안 하고, 그게 선박이 이름이 뭐더라…, 반잠수식 함정이 들어왔잖아요. 그건 잭킹 바지가 아니라 그것도, 그게 스미트 거 빌려온 거예요.

**면담자**　　지금 말씀하신 김에 그 플로팅 도크는 이렇게 디귿 자로 생겨서 배 밑으로 그걸 넣어서 걔가 이제 부력에 의해서 올라오면은 배가 인양되는 그런 방식을 설명하는 것이죠. (동수 아빠 : 똑같은 거예요) 반잠수정은요?

동수 아빠    잠수정도 똑같아요. 물속으로 가라앉아요, 그것도. 그런데 그것은 이렇게 디귿 자가 아니라 그냥 다 트인 상태죠. 그니까 가라앉아 있으면 배가 쭉 가기만 해서 나갈 수 있는 거죠. 차이가 조금 있죠.

면담자    근데 사실 그 부분은 어느 쪽을 써도 큰 문제는 없다고 판단하시는….

동수 아빠    근데 잭킹 바지는, 잭킹 바지는 물속에 들어가서 앞뒤로 움직이는 거고, 앞뒤로밖에 못 움직이는 거고, 이것은 물속에 들어가 있기 때문에 좌우로 움직이는 거고, 앞뒤로는 막혀 있기 때문에, 그 차이가 있죠.

면담자    결국은 그러면은 2016년 11월 이후에 선택한 인양 방식은 큰 문제는 없었다고 보시는 거네요.

동수 아빠    네, 큰 문제는 없었는데 다만 준비를 다 해놓은 상태에서 이제 그렇게 했으니까 그때까지 준비를 해놓고 인양을 왜 안 했는시 가장 궁금한 거죠.

면담자    말씀하신 김에 다시 여쭙겠습니다만 왜 그랬다고 추정하십니까?

동수 아빠    그니까 아까도 말씀드렸지만은 정부는 처음부터, 저희들 생각에는 인양할 생각이 없었다고 판단을 했던 거예요. 왜냐면은 준비 기간도 준비 기간이지만은 그 많은 시간 동안 충분히 가능할 수 있는 시간이었는데, 계속 미뤄왔던 거 자체가 좀 의미심장하다는 걸 말씀을 드리는 거고요. 2015년 8월, 9월 달부터 작업이 시작됐잖아요. 작업이 되고 16년 6월 달에 처음에 15개[가] 들어가고 그 이후에 다 들어가게 된, 그니까 11월, 12월 정도에 들어가요. 그러면은 너무 많은 시간이 걸렸다는 거예요. 물론 그 안에서 여러 가지 기름 제거나 하는 것들, 다 저희들도 이해하고, 유실 방지망 하는 것도 어느 정도 이해하겠어요.

그런데 그렇게까지 많은 시간이 걸릴 거냐 걸릴 수밖에 없었느냐, 여기에 대해서 의문이 생기는 거죠. 그니까 저희들이 2015년 8월 31일 날 동거차도를[에] 처음으로 들어가요. 9월 1일부터 감시를 시작했는데, 이 바다라는 게, 바닷속에서 일을 하고 있는 거잖아요. 그러면은 바닷속은 아침이나 점심이나 저녁이나 어두운 건 마찬가지예요. 근데 오전에는 그니까 아침부터 저녁까지는 거의 작업하는 게 눈에 들어오는 게 없어요. 근데 밤에는 작업을 참 열심히 해요, 무슨 작업을 하는지 모르겠지만. '왜 이렇게 했을까?' 그니까 작업 일지, 해수부가 만든 작업 일지를 보면은 한 80프로, 90프로가 야간작업이에요. 주간에는 다 준비 작업만 해놨어요. 그것도 맞는 말이기는 해요, 주간에 준비 작업하는 거는, 야간에 준비 작업할 수는 없으니까. 근데 '굳이 그렇게까지 주간에만, 아니 야간에만 일을 해야 되나?' 하는 의문이 생기는 거죠.

면담자　　　　동거차도 얘기는 조금 있다가 다시 여쭙고요. 그러면은 인양분과장으로서 2015년, 특히 8월 이후에는 엄청 바빠지셨겠어요. (동수 아빠 : 그렇죠) 왜냐하면 상하이샐비지에서 인양을 시작했으니까. 동수 아빠는 주로 그때 어디 계셨습니까?

동수 아빠 정성욱

동수 아빠    동거차도하고 해수부에 주로 많이 갔죠. 그니까 일[의] 진행 과정을 뭐 우리가 통보를 받는 게 없으니까 계속 가서 물어보고 전화하고 만나고 계속 그래야 되는 상황이었으니까요.

면담자    지금 어떻게 진행되고 있느냐를 해수부에게 묻고, (동수 아빠 : 안 되면 해수부[를] 찾아가야 되고 그랬었습니까) 주로 채널이 된 사람이 누구예요, 해수부에?

동수 아빠    장기욱이밖에 없었어요. 장기욱, 홍은식, 그다음에…, 예, 그 두 사람이 주로 담당이었으니까.

면담자    그 두 분의 직책도 한번 같이 말씀해 주시죠.

동수 아빠    장기욱이는 아까 말씀드린 과장이고, 홍은식이는 주무관이었고.

면담자    작업 진행 내용에 대해 그분들이 자료를 준다든지 설명을 한다든지 하는 게 비교적 원활하셨습니까, 어떠셨습니까?

동수 아빠    음, 100프로로 친다면은 한 50프로? 50프로는 통보 형식이었고 50프로는 저희가 억지로 물어봐야만 대답을 해주는….

면담자    만약에 유가족들을 좀 깊이 고려했다면, 상하이샐비지에서 작업이 진행되는 것은 이게 대형 프로젝트이기 때문에 발주자인 해수부에 상하이샐비지가 뭐 1일 보고 내지는 주간 보고 이런 것들을 할 것이란 말이죠. (동수 아빠 : 네, 하죠) 그러면 그것을 재정리해서 해수부가 주기적으로 유가족들에게 인양 진행 상황에 대해 문서를 통해서 또는 설명을 통해서 먼저 다가갈 수도 있었다고 보여지는데, 어떻게 보십니까?

동수 아빠　　　그건 없었어요. 오히려 반대로 기자들이 [먼저 소식을 듣고] 저희들한테 물어보는 게 더 많았었어요. 그니까 기자들보다 저희가 항상 늦게 알았어요. 그니까 뭐 절단하고 있으면은 기자들이[한테] 먼저 전화[가] 와요. "지금 뭐 절단하고 있는데 아시느냐. 뭐가 어떻게 된 거냐? 왜 절단하냐?" 이걸 물어보는 거예요, 거꾸로. 그러면 저희는 듣지도 보지도 못한 내용을 얘기하고 있으니까, "아, 그래요? 확인 한번 해볼게요" 그러고 다시 해수부에 통화하는 이런 형식이 된 거예요.

　　해수부 출입 기자들은 그걸 미리미리 캐치를 하는데 우리한테는 그렇게 오질 않았으니까, 항상 나중이고. 만약에 뭐 앵커를 절단했잖아요? 만약에 앵커를 절단했으면은 해수부 기자들은 알고 있어요. 근데 절단하고 나서 2, 3일 지난 후에 "앵커 절단했습니다"라는 통보가 와요, 저희들한테. 그래서 항상 저희들이 요구를 했죠. 몇 번을, 그것 때문에 몇 번을 만나서, 몇 번을 얘기했어요, "항상 뭘 절단하기 전에 사전에 우리하고 논의를 좀 해달라"[고요]. 결국에는 그게 제대로 진행된 게 한 번도 없죠.

면담자　　　그니까 결국은 인양이 끝날 때까지 유가족들에게 어떤 방법으로 무엇을 진행할 것이라는 계획에 대한 보고는 없었다고 봐야겠네요.

동수 아빠　　　아니요. 중간에 큰 틀에서는 몇 번 있었죠, 큰 틀에서는. 그러니까 '어떤 식으로 인양을 진행하겠다'라는 보고회는 몇 번 있었어요. 다만 절단 과정이나 무엇을 하고 있는가에 대해서는 브리핑 내용이 그렇게 많지는 않았죠. 항상 저희가 물어봐야 대답을 해주는….

면담자      몇 번이라는 건 뭐 반년에 한 번, 이런 개념일 거 아니에요?

동수 아빠      반년에 한 번이 아니라 총, 저희가 지금 들은 게, 해수부한테 들은 게 인양할 때까지 해서 가족 브리핑을 한 게 손가락 안에 꼽아요, 몇 손가락 안에.

면담자      실제로 그것은 사후적인 설명이었지, 진행 계획과 방법에 대한 사전 브리핑은 없었던 (동수 아빠: 없었죠. 거의 없었죠) 그게 문제가 될 만한 것들에 대해서 동수 아버님이 해수부의 담당자들에게 전화하시거나 해수부까지 쫓아가서서 만나서 이렇게 답을… (동수 아빠: 그렇게 하기도 하고) 하거나 기자들을 동원해서 정보를 얻거나 이렇게 하셨다는 얘기죠.

동수 아빠      그다음에 또 하나 특조위가 그때는 활동을 하고 있었으니까 특조위를 많이 좀 이용을 했죠, 그 상황이 그렇게까지 될 수 있는 상황밖에 안 됐으니까. 그니까 정부가 진짜로 인양을 할 의향이 있고 확신이 있었으면우, 그때 당시 저희 가족들이 주장했던 [것 중] 히나가 있었어요. '세월호, 그 상하이샐비지가 들어오면은 그 바지선에 우리가 같이 승선해서 그 작업을 보게 해달라'라고 요청을 했고, 그 요청을 해수부 장관이 허락을 했어요, 해주겠다고. 근데 해수부 장관은 허락했는데, 담당자들이 다 잘라버린 거예요. 어느 누구도 우릴 승선[을] 안 시켜줬죠. 그게 총 세 번이에요. 해수부 장관이 총 세 번 바뀌었잖아요. 세 번, 세 분 다 그렇게 얘기를 하고[했는데] 한 번을 우리를 승선을 안 해줬잖아요. 상주를 못 하게 했죠. 다만 뭐 특별한 작업이 있을 때에는 불러요, 그니까 우리를 행사용으로 부를 수밖에 없는 상황이었으니까. 뭐 그때는 기자들도 불러야 되는 상황인데, 기자들은 부르고 우리는 안 부를 수가 없는 상황이니까….

# 8
## 동거차도에서의 감시

면담자    평상시에는 배를 타고 가도 상하이샐비지가 작업하는 공간에 근접해서 관찰할 수 있는 방법조차도 없었겠네요.

동수 아빠    그렇죠, 처음에는 없죠. 처음에는 그랬다가 저희가 나중에 답답하니까 저희가 배를 하나 샀잖아요, 진실호라고. 그래서 그 배로 유일하게 그 사고 해역 가까이[에] 갈 수 있는 게 그 배밖에 없었으니까…. 그래서 동거차도 감시를 하면서 그 배로 나가서 작업 과정을 좀 보긴 했죠.

면담자    진실호를 타고는 어느 정도 거리까지 접근이 가능했습니까?

동수 아빠    바로 앞에까지는 갈 수 있어요, 딱 못 붙이더라도, 왜냐면 딱 붙이면 배가 작기 때문에 전복될 수 있는 상황이라서. 아예 가까이는 못 붙이더라도. 한 200미터 떨어져서는 볼 수 있었으니까.

면담자    진실호를 타고 보기 시작한 게 언제부터세요?

동수 아빠    진실호를 타고 보게 된 게 그게 2016년도부터일 거에요. 제가 정확히 날짜는 모르겠는데.

면담자    15년 가을, 겨울은 진실호가 없었고. 16년에 들어와서 가족협의회에서 진실호를 구매해서, 구매입니까 임대입니까? (동수 아빠 : 구매했죠) 구매해서 진실호를 타고 2016년부터는 근접해서 보는 것이 가능했다, 이렇게 정리가 되겠습니다.

동수 아빠    직접 가족들이 운전해서 갔으니까.

면담자    아, 그러셨어요? 누가 운전이 가능합니까?

동수 아빠    여기 지금 장동원 팀장[이] 면허 땄잖아요. (면담자 : 그걸 위해서?) 장동원 팀장하고 상호 아빠하고 두 분이서 면허를 따가지고 그렇게 돌아다녔죠.

면담자    진실호는 이제 동거차도 항구에다가 정박을 시켜놓고, 그분들이 내려가서 직접 운전을 하고 감시를 하신 거네요. 동거차도 얘기도 조금 여쭙겠습니다. 동거차도 아이디어는 최초로 누가, 왜 하셨어요?

동수 아빠    그니까 인양 감시를 할 필요가 있다는 게 가족들 의견이었고, 그래서 아까도 말씀드렸지만, 해수부에 요청을 해서 해수부 장관이 그럼 거기에 승선을 시켜주겠다고 했는데 말이 바뀌기 시작을 해요, "안 된다". 그니까 그때 그 단장이 뭐라고 했냐면은, "작업 여건상 위험하고 힘들기 때문에 승선은 불가하다"고 딱 잘라버려요. 계속 몇 차례 요구했는데 안 된다고 하더라고요. 그럼 인양 감시를 해야 되겠는데 어떻게 할 수 있는 방법이 없다 보니까 그때 지성이 아버님이 "동거차도 어떻겠냐?" 그러더라고요. "동거차도가 어딘데요?" 그때 우리도, 저도 몰랐어요, 동거차도가 어디인지를. 처음에 사전 답사를 딱 갔는데, 처음에 사전 답사를 갔는데 동거차도란 섬을 들어가서 봤는데 가슴이 먹먹하더라고요, 바로 눈앞에 보이니까. '이렇게 가까웠나?' 다시 한번 이제 막 울분이라고 그래야 되나요? 그냥 [퇴선] 방송만 있었으면 다 살 수 있었다는 게 눈앞에서 펼쳐지는 거예요. 그래서 그때 지성이 아빠가 그때 이렇게 얘기해서 "그러면 동거차도로 가자" 그래서 인양 감시 [장소]를 동거차도로 잡게 된 거죠.

**면담자**　　지성 아빠는 특별한 이유가 있습니까, 동거차도라고 지성 아빠가 먼저 얘기하신….

**동수 아빠**　　그 동거차도 앞에 미역 양식장에 지성이가 걸려서 거기에서 발견이 됐잖아요. 그래서 동거차도 주민을 알고, 그다음에 사고 해역에서 제일 가깝다는 걸 지성이 아빠는 알고 있었던 거죠.

**면담자**　　그 동거차도의 차부심 할머니 댁의 이 선장과의 관계 때문에 지성 아빠는 동거차도의 존재를 알고 있었고.

**동수 아빠**　　저는 모르고 있었어요.

**면담자**　　유가족들은 모르고 있는 분들이 많았는데, 지성 아빠의 제안으로 동거차도를 감시초소 대상지로 설정하신 거네요.

**동수 아빠**　　그니까 처음에 그걸 몰랐다가 사전 답사 갔다 와서 이제 그렇게 결정을 한 거죠.

**면담자**    그 동거차도 산꼭대기에 감시초소를 만들려면 상주를 해야 되기 때문에 여러 가지 준비가 필요했을 텐데, 주로 어떤 분들과 같이 상의하고 어떤 준비를 해서 올라가셨습니까?

**동수 아빠**    확대운영위에서 논의를 했고, 그래서 전반적으로 확대운영위에서 통과가 되어서 그때 상호 아빠, 저, 그다음에 장동원, 그다음에 영석이 아빠, 그다음에 조기하, 박영호 실장, 그다음에 최창섭 씨 이렇게 들어갔죠, 일곱 명이서.

**면담자**    조기하 씨하고 최창섭 씨는 모를 수 있어서 어떤 분인지….

**동수 아빠**    조기하 씨는 유가족이고, 최창섭 씨는 광화문에서 영석이 아빠하고 같이 있던 분이 하나 계세요. 일반인인데, 도와주러 그때 처음에 같이 들어갔죠.

**면담자**    알겠습니다. 예를 들자면 거기서 자려면 텐트를 친다든지 뭔가 공간을 만드셔야 했고, 거기서 이제 숙식을 하려면 화장실부터 시작해서 전기 등등의 준비가 완료됐어야 할 텐데 어떻게 준비를 하셨는지….

**동수 아빠**    일단 처음에는 거기에 사전 답사 갔을 때 KBS가 버리고 간 게, 철골이 남아 있었어요. 아시바[공사용 비계]로 된 철골이 남아 있어서 '거기다 텐트를 치면 되겠다', 그니까 '갑바[방수 커버]를 치면은 그나마 좀 나오겠다' 싶어서 준비한 게 천막, 천막[을] 준비했고,

전기는 발전기, 그다음에 물은 이제 생수는 갖고 가고, 그다음에 버너, 밥을 해 먹어야 되니까 버너, 기본적으로 이제 요것만 가지고 올라갔죠. 그래서 첫날에 짐 올리고, 그 외에 갑바 [천막을] 치기 시작을 해서 첫날부터 그렇게 시작이 된 게, 그리고 텐트 두 개[를] 혹시 몰라서 [가져갔고], 그렇게 시작을 했죠.

면담자   그게 9월에 바로 시작을 하셔요. 그러니까 상하이샐비지가 8월 말부터 작업을 시작하는데 9월에 바로 올라가시는….

동수 아빠   네, 그니까 8월 말에 그렇게 시작해서 들어온, 우리가 그니까 그 전부터 요구를 했는데 노[No]를 하니까 사전 답사를 8월 달에 갔다 와서 8월 말일 날 들어가게 된 거죠, 준비를 바로 시작을 해서.

면담자   장동원 씨하고 몇 사람이 분향소 앞에다가 발전기를 갖다 놓고 어떻게 돌리는지 서로 이야기하던 걸 봤던 기억이 나네요. 그 이후에 여러 가지 정성스러운 어떤 시설이랄까 보완 작업이랄까 하는 것이 계속 이루어지는데, 그건 어떻게 이루어진 겁니까?

동수 아빠   처음에 갔을 때 제일 문제가 됐던 게 생수, 그니까 물 먹는 거하고, 그다음에 화장실이 문제였어요. 그래 가지고 아빠들[을] 처음에 위주로, 아빠들 위주로 보낸 거에요. 아빠들 위주로 보내다가, 이제 아빠들도 하도 들어가니까 좀 그러시더라고요. 그래서 엄마들이 가게 되어야 되는데 엄마들[이] 가게 되면은 제일 문제가 뭐냐면은 짐을 가지고 올라갈 수 있는 상황이 아니잖아요. 그러다 보니까 아빠들 [이] 일부 가서 올려주고 내려오고, 이제 화장실 문제도 해결해야 되다 보니까 아빠들이 많이 고생을 했죠, 거기다가 화장실도 만들고.

146

동수 아빠 정성욱

이제 가장 문제는 밤에 발전기를 엄마들이 못 돌리잖아요. 그래서 좀 부탁을 했어요, "전기를 어디서 끌어와야 되냐"[라고]. 근데 다행히 그 동거차도에서 주민분들이 전기를 내주겠다 해서 고맙게 좀 전기를 내주셔서 그 산까지 전기를 연결하게 된 거죠. 그래서 전기가 들어오게 됐고, 그러면서 이제 그때부터는 엄마들이 이제 편히 좀 들어가면서, 처음에는 그 텐트 하나를 가지고 시작을 했다가 차후에 이제 서울에 계신 어떤 분이 그러면은 자기가 돔 텐트를 두 개를 지어주겠다고 해서 이제 거기에 돔 텐트가 두 개가 들어오게 된 거고…. 그때도 그거 하면서 학생들이 많이 와서 같이 협조를 해줬어요. 그래서 그 돔 텐트 두 개가 그렇게 지어지게 된 거고….

면담자   학생들이라고 하면 어떤 분들을 얘기하시는 겁니까?

동수 아빠   그니까 그 지원해 주신 분의 아들, 친구들하고 해서 좀 몇 명이 같이 들어와서 같이해 주셨어요.

면담자   전기 올리는 작업은, 아마 작업 자체는 KT에서 와서 하지 않았을까 싶은데.

동수 아빠   전기선은 다 가족이 깔았고, 전기 연결은 (면담자 : 아, 그렇습니까?) 네.

면담자   KT에서 공사를 한 게 아니라 가속들이 직접 까셨어요, 산까지? (동수 아빠 : 네) 아니, 왜냐하면 제가 가서 봤을 때 (동수 아빠 : 같이했죠, 그 선을 해주고 그분들은 연결을 해주고 해서) 전기선 파이프 두께가, 고무파이프 두께가 이렇게 두꺼운 거라서 그거 자체가 엄청 무거웠을 텐데….

동수 아빠    아니, 그 정도는 아니고 이 정도밖에 안 돼요. 얇은 거, 좀 얇은 걸로 해서, 그렇게 많이 쓰는 전기가 아니기 때문에 그렇게 해서 끌어 올렸죠.

면담자    그거를 유가족들이 같이 공사한 거네요, 산꼭대기까지.

동수 아빠    네, 선을 같이 깔았으니까.

면담자    그런 것을 동거차도 마을에서 협조해 주신 분은 어떤 분이셔요?

동수 아빠    주민분들이 다 흔쾌히 허락을 해주셨어요.

면담자    예를 들어서 이장이라든지 이런 분들과 공식적인 채널이 있었던 건 아니고요?

동수 아빠    네, 공식적으로 이제 그쪽에서 허락을 해주셨기 때문에 그래서 저희가 좀 부탁을, 전기 때문에 부탁을 드렸더니 이장님하고 거기에 저희가 좀 친분이 있는 분들이 논의를 해서 가지고 전기는 해주겠다고 하셔서 이제 시작된 거죠. 그리고 그때 이제 KT에서도 거기 따로 계신 분들이 있어요, KT 직원분들이. 그래서 그분들이 "그거 그럼 우리가 도와주겠다, 선이랑" [하셔서] 그분들이 선 갖다주시고 해서 같이하신 거죠. 아무튼 그 동거차도[에서]는 동거차도 주민들의 도움이 많이 컸어요.

면담자    이제 동거차도에서 감시할 때 망원 카메라를 가지고 감시하시고, 그것을 계속 녹화를 떠놓으셨잖아요. 그런 장비는 (동수 아빠 : 다 구매) 누가 구상을 하셨고, 어떻게 구매를 하신 건지요?

동수 아빠    그것은 일단은 녹화를 해야겠다는 건 우리의 기본적인 입장이, 저희는 다 기록을 남겨야 하니까, 그래서 가족협의회에서 구매를 다 해줬어요, 사무처에서, 그 당시에.

면담자    망원경이 어느 정도, 말하자면 해상도는 어떤가요?

동수 아빠    최고, 그니까 그때 당시 모르니까 최고 고급 사양으로 해서 좀 [예산을] 잡아서 그때 [구매]했어요. 그래 가지고 좀 물어봤으니까, "아, 이 정도 거리에서 이걸 보려면 어느 정도 해상도가 나와야 되냐?" 그래서 그런 거 다 알아본 다음에 최고 좋은 걸로 해서 구매를 했죠.

면담자    그러면 결국은 사무처장 등과 잘 협조를 해서 가족협의회 전체가 대응을 한 것이네요. (동수 아빠 : 네) 그 어머니들이 올라가기 시작한 게 대체로 언제부터입니까?

동수 아빠    어머니들이 올라간 게 16년부터인가 올라갔을 거예요, 16년부터.

면담자    16년 9월부터 시작, 아니다, 15년 9월부터 시작이 됐군요. (동수 아빠 : 네) 그리고 이제 다음 해인 겨울이 지나고 16년부터.

동수 아빠    아니요. 16년이지만 1월, 2월? 1월 달부터인가 올라갔을 거예요, 어머니들이. 겨울에 올라가신 어머니들이 계세요. 그니까 처음에 올라간 게 몇 반 부모님들이 처음에 올라갔더라…, 한 12월 말부터라고 보면, 정확하게 하면 12월 말부터 시작을 했을 거 같아요, 어머니들이 올라가신 게. 겨울에 어머니들이 올라가신 분들이 있었기 때문에.

면담자     그럼 주로 반별로 (동수 아빠 : 네, 반별로 돌아가면서 올라
갔어요) 돌아가면서 들어가시는 그런 체제가 잡힌 거네요.

동수 아빠     처음에는 그게 아니었다가 '들어가는 사람은 계속 들어
가고 힘드니까 반별로 돌아가자'[라고] 시작을 했던 게 아마 10월? 11월
정도 됐을 거예요. 엄마들도 그때부터, 그니까 전기가 완전히 들어올
때가 11월인가 10월인가 전기가 그때 들어왔었거든요, 그때부터 엄
마들이 올라오기 시작했던 거 같아요.

면담자     2015년 11월경에 전기가 들어왔으니까 그때 이후에 좀
안정된 상태에서 어머님들이 반별로 로테이션하기 시작하셨다는?

동수 아빠     다만 그때는 이제 전기가 다 들어왔으니까 물하고 자기
먹을 것, [그 정도] 부피만 들고 올라가면 됐으니까.

면담자     이제 촬영한 영상하고 그다음에 손으로 쓴 일지를 계속
작성하게 했잖습니까? 그게 유용하게 나중에 분석 자료로 사용이 됐
습니까 어땠습니까?

동수 아빠     1기 특조위 때 자료로 저희가 일부 좀 넘겨주고, 지금
2기 특조위 때는 아직 인양이 본격적으로 조사가 안 되고 있으니까,
이제 조사가 되면 그 자료를 다시 한번 넘겨줘야 되겠죠.

면담자     사람들이 잘 모를 거 같아 제가 여쭙습니다마는 망원
카메라로 관찰한 결과가 영상으로 남아 있고, 일지도 중요한 움직임
에 대해서는 메모가 남아 있지 않습니까? 이것이 조사하실 때 어떤 자

료로 사용되실 것 같습니까?

동수 아빠    인양 과정을, 인양 과정 중에서 상하이[샐비지]가 과연 무슨 일을 어떻게 했는지 이게 주요 포인트가 될 거 같아요. 그리고 비용[과] 관련해서는 저희가 잘 모르기 때문에, 단 하나 지금 의혹, 의혹이라기는 좀 그렇고, 이제 상하이샐비지가 버린 건지 정확한 건 조사 대상이니까 그렇지만은, 그 뼈가 많이 나왔잖아요, 동물 뼈가. 그런 게 이제 나중에 조사를 더 하게 되면은 그 배가 몇 번 들어오고 나갔는지 다 체크를 우리도 하겠지마는, 저쪽 거기도 체크를 했기 때문에 그게 제대로 맞는 건지 이런 부분에서 활용이 될 거 같아요.

면담자    포괄적으로 본다면 상하이샐비지에서도 당연히 작업 일지가 있을 것이고, 해수부에서도 그걸 종합하고 있을 텐데, 그래서 그들이 이야기하는 인양과 관련된 세부 활동들하고 동거차도에서 감시하면서 배의 출입이라든지 또는 이제 큰 움직임이 있는 건 다 기록을 했으니까 그거를 대비해 보면 진실을 밝히는 데 중요한 자료로 쓰일 것이다, 이렇게 보시는 거네요.

동수 아빠    네. 일단은 인양 과정 중에서는 그렇게 볼 수밖에 없죠.

면담자    동거차도 감시 활동의 의미가 또 다른 게 있다면 또 어떤 게 있을까요?

동수 아빠    상하이샐비지나 해수부한테 그게 압박이 됐던 거죠. 가족들이 지켜보고 있다는 게 크나큰 압박이 된 거죠. 이쪽이 바닷속에 하는 거는 어떤 건지 모르겠지마는 지켜보고 있다는 큰 압박이 되다 보니까 나름대로의 저희한테는 성과가 있었어요. 뭐 딴짓을 바닷속에서 어떻게 했는지는 모르겠지마는, 딴짓을 하는 거 자체가 많이 줄어들지 않았을까라고 하는 생각을 하는 거죠.


# 9
## 인양 진행 과정에서 배제되는 가족들

**면담자**　　　이제 그러다가 2016년 11월경부터 다른 방식의 인양이 시작되지 않습니까? 그 방법을 어떻게 진행할지에 대해서는 사전에 해수부로부터 어떤 설명을 들은 적이 있습니까? (동수 아빠 : 없어요) 어떻게 아셨어요?

**동수 아빠**　　　그니까 그것을 우연찮게 알게 됐어요. 그니까 11월 달에 저희가 해수부하고 저희가 미팅이 잡혀 있었어요. 그날 공교롭게도 기자회견 한 날이었는데 미팅이 잡혀 있었어요. 그래서 저희가 저하고 누구하고, 장동원 팀장인가, 장동원 팀장하고인가 둘이서 해수부로 내려가서 장기욱 과장을 만날 일이 있었어요. 거기 갔는데, 우연찮게 어쩌다 제가 좀 친분 있는 분이 거기 나오시더라고요. 그래 가지고 "방식이 바뀌었어요" 그리고 "기자회견 합니다"라고 얘기하시더라고요. 뜬금없이 그렇게 얘기를 들으니까 '뭐지?'라고 해서 다시 전화를 했죠. 했더니 "아, [인양] 방식이 바뀌어서 기자회견 합니다"라고 얘기를 하더라고요.

　　그때 해수부였으니까, "그럼 저희가 왔으니까 방식을 기자회견 하는 데 들어가서 들어봐도 되겠습니까?"라고 얘기를 했더니 "안 된다"

고 딱 자르더라고요. "아니, 기자회견 하는 거하고 가족들이 듣는 거하고 뭔 상관이 있냐?"[라고 해도] "안 된다"고 딱 자르더라고요. 그래서 그때 해수부 기자단에 보면은 그걸 총관리하는 사람이 있어요, 기자분 중에서. 제가 그 기자분을 좀 알아가지고 전화를 했죠. "이만저만해서 해수부 미팅[이] 있어서 왔는데 그런 소식을 들었다. 기자회견 한다는데 가족이 둘이 왔으니까 들어가서 들어보면 어떻겠냐? 우리는 아무 말도 안 하고 기자회견 내용만 듣겠다. 기자분들이 요청을 좀 해달라" 부탁을 했더니 그게 들어졌어요. 그래서 들어가서 이제 그 내용을 그때서야 알게 된 거죠.

면담자     지금 얘기는 정말 상상을 초월하는 거네요. 무슨 말이냐면, 해수부에서 기자들을 모아놓고 기자회견을 하는 것은, 엠바고를 걸지 않는 이상은 신문 보도를 통해서 내용을 공개한다는 의미인데, 직접 당사자에 해당하는 유가족들은 기자회견장에 못 들어오게 했다는 얘기 아닙니까? 공개할 내용을 회견하는데 유가족은 현장에 들어오지도 못하게 했다니, 정말 어처구니없는 얘기네요.

동수 아빠     뭐 어처구니없는 게 한두 번인가요.

면담자     이제 그 11월의 새로운 인양 얘기로 들어갈 건데요. 그거 들어가기 전에 마지막 질문입니다마는, 2016년 11월 이전에 이루어졌던 배의 손상 같은 게 있었습니까?

동수 아빠     상당히 많았죠. 일단은 앵커, 브로크[난간], 스태빌라이저 다 절단이 된 상태였죠, 기본적인 것은, 연돌 다. 그다음에 천공이, 130, 140개 정도 천공이 나 있었고.

면담자      각각은 어떤 이유에서 진행됐다고 설명되어 있습니까?

동수 아빠      일단은 인양 과정 중에서, 빔을 넣는 과정 중에서 문제가 된다고 해서 잘랐던 게 대부분. (면담자 : 천공은 왜?) 천공은 부력재를 넣는 과정과 부력재를 달아야 되는 과정에서 천공을 해야 되는 게 기본적인 이유였던 거고요.

면담자      지금 그 이유들에 대해서는 수긍하십니까? 아니면 의혹을 가지고 계십니까?

동수 아빠      저는 의혹이 있는…, 아직까지는. (면담자 : 예를 들자면 어떤?) 일단은 방식이 바뀌면서 부력재 방식이 필요 없기 때문에 의미 없는 짓을 했던 거고 (면담자 : 천공의 경우는 그렇다는 얘기네요) 네, 천공 전부 다. 그리고 부력재도 마찬가지로 의미 없는 것이었죠, 결국 사용을 못 했으니까.

면담자      스태빌라이저에도 뭔가 물리력이 가해졌습니까?

동수 아빠      스태빌라이저는 올라와서 봤을 때 이제 돌아가 있었으니까. 그 내용은 지금 조사를 하고 있는 상황이고, 다만 그게 잘려져 있었으니까. (면담자 : 어느 부분이 잘려져 있었습니까?) 스태빌라이저가 잘려져 있었잖아요. 그니까 스태빌라이저가 바닥에 박혀 있는데 인양 과정 중에서 빔을 넣어야 하니까 이 빔을 넣는 과정에 걸린다고 해서 이걸 잘라냈거든요.

면담자      아, 저희가 인양된 상태에서 스태빌라이저를 봤을 때 둥근 부분이 외부에서 보이는데 그게 스태빌라이저가 아닙니까?

동수 아빠    어떤 부분을 말씀하시는지 정확히 모르겠어요. 둥근 부분이라면 어떤 부분을….

면담자    배의, 배가 있으면 하단 쪽에 크게 둥근 부분. (동수 아빠 : 크게 둥근 부분이요?) 네, 꽤 크죠. 육안으로, 멀리서도 육안으로 확인할 수 있는. (동수 아빠 : 멀리서는 육안으로 확인이 안 되는데) 아, 그래요? 사이즈가 작아요?

동수 아빠    길게 타원형으로 되어 있어요, 이렇게. 길게 타원형으로 되어 있어서 이거 두 개 책상, 두 개, 세 개, 두 개 반 정도밖에 안 되거든요.

면담자    아, 그렇군요. 스태빌라이저라는 건 배의 표면으로 돌출되어 있는 부분입니까?

동수 아빠    네, 표면으로 돌출되어 있습니다. 원래 넣고 다녀야 하는 건데 항상 세월호는 풀고 다녔죠.

면담자    그래서 그 부분을 절단한 것이 확인이 된 거네요.

동수 아빠    절단한다고 연락도 왔었[고], 그니까 절단하는 과정 중에 연락이 왔었으니까….

면담자    왜 제가 여쭙냐면, 참사 초기에 언론 보도로 스태빌라이저가 침몰과 관련된 한 요인으로 여러 번 나왔잖습니까?

동수 아빠    아니요, 그건 나온 적이 없는데, 스태빌라이저는. 스태빌라이저는 그렇게 해가지고 나온 적이 없었어요, 언론상에. 스태빌라이저는 언론상에 나온 적이 없고 스태빌라이저가 주목, 언론상에

155

나온 것은 선조위 때 나오기 시작을 했죠, 초기에는.

**면담자**　　　JTBC에서 아마 4월에, 참사 직후로 제가 기억을 합니다만 스태빌라이저가 상태가 이상하고 등등의 보도가 있기는 했습니다. 크게 주목은 못 받았겠죠.

**동수 아빠**　　선조위 때 주로 그때 스태빌라이저가 수면 위로 올라왔죠. 문제가 있다는 게.

**면담자**　　　아, 네. 그게 절단이 되어 있다는 것은 침몰 원인을 밝히는 것과 굉장히 상관관계가 있지 않을까 싶어서 제가 계속 여쭙는 거예요.

**동수 아빠**　　맞아요. 침몰 관계를 밝힐 수 있는 증거죠.

**면담자**　　　근데 그게 물리적으로 확인해서 뭔가 증거를 추정해 낼 수 있는 상태가 아니라 한쪽 편은 절단되어 있는 상태인 거네요.

**동수 아빠**　　절단이 되어 있어도 확인을 지금 하고 있는 단계입니다.

**면담자**　　　스태빌라이저를 절단한 이유가 빔을 넣기 위해 불가피했다고 설명하는 거네요. 다른 훼손된 부분은 어떤 것이 있습니까?

**동수 아빠**　　그리고 이제 브로크도 마찬가지로 선수 들기를 하는 과정 중에서 절단이 됐고….

**면담자**　　　다시 한번 말씀해 주시겠어요? (동수 아빠 : 브로크) 브로크라는 게 뭐에 쓰이는 것입니까?

**동수 아빠**　　아, 배 앞부분을 보면, 선수를 보면 빙 둘러서 막아주는 부분이 있어요, 방파제같이. 그니까 화물칸, 앞에 화물 싣잖아요. 그럼 옆에 브로크라고 배에 파도가 치면은 막아주는 부분이 있는데 이 부분이 좀 절단이 된 부분이 있어요. 그니까 이 부분은 왜 중요한 부분이냐면 배가 이렇게 출항 중에 화물이 쏟아지잖아요. 화물이 쏟아지면, 이렇게 되어 있으니까 브로크가 화물이 쏟아져서 때리게 되면은, 브로크라는 게 때렸으면 반대로 이제 이렇게 되어 있으니까 이렇게 [안에서 바깥쪽으로] 꺾여 들어오겠죠, 때렸으면. 근데 세월호 브로크는 반대로, 이렇게 되어 있으면은 밖에서 뭔가 친 것처럼 이렇게 들어가 있단 말이에요. 그래서 "이게 문제가 있다. 이걸 자르면 안 된다. 조사를 해야 된다" 1기 특조위 때 얘기를 했죠, 해수부한테. 근데 이걸 무시하고 해수부가 잘라버렸죠. 자른 이유는 "선수 들기를 해야 되는데 이게 걸린다", 그게 이유였던 거죠.

면담자      선수 들기를 할 때 그 브로크라는 게 있으면 선수 들기 하는 게 어렵다고 판단하십니까?

동수 아빠      일단은 아무래도 좀 그렇죠, 와이어가 밀고 들어가는 부분이다 보니까. 다만 여기서 와이어를 어떻게 조정하고 보강대를 어떻게 대는가에 따라서 안 잘라도 되는 부분인데, 그게 좀 의심은 가죠. 증거를 없애기 위해서 했을 수 있다고 생각을 해요.

면담자      배 앞의 브로크가 배 안쪽에서 바깥쪽으로 휘어 있지 않고, 바깥쪽에서 안쪽으로 휘어 있는 거는 누가 발견하셨습니까?

동수 아빠      누가 발견을 한 게 아니라 그 영상이 있어요. 그래서 그걸 보고 중지를 시켜놓은 거예요. 영상에 그게 있어요, 침몰하는 과정 영상에 보면은 그게 살짝 휘어지는….

**면담자**        영상에서 누군가 본 거네요, 유심히. 누군지 혹시 아십니까? (동수 아빠 : 네?) 누가 그걸 발견해 냈는지 아십니까?

**동수 아빠**        1기 특조위 때 그걸 발견해서 그걸 진행을 했던 거니까요.

**면담자**        아, 1기 특조위의 조사관이? 그렇군요. 2016년 11월 이전의 인양 과정과 관련해 제가 구체적으로 여쭙는 건 이 정도로 하고, 잠시 쉬었다가 11월 이후부터 인양이 끝날 때까지를 여쭙겠습니다.

**동수 아빠**        네.

(잠시 중지)

**면담자**        이제 2016년 11월부터의 인양에 대해 여쭙겠습니다. 새 인양 방법이 뭐였고, 결국은 언제 종료하게 됐는지를 좀 개괄적으로 말씀을 부탁드리겠습니다.

**동수 아빠**        11월 달에 인양 방식을 바꾼다고 해수부가 공식적인 브리핑을 했고, 그러고 나서 3월 말에 세월호가 인양이 됐죠, 그렇게 공식적으로 바꾸고 나서 얼마 안 있다가. 저희는 그때 당시에 11월 달에 수색 방법이 바뀌고 정부, 해수부가 뭐라고 그랬냐면은 4월에서 6월 사이에 인양을 하겠다는 게 해수부의 공식적인 입장이었어요. 그래서 아, 그러면은 저희가 그때 선체조사위원회를 한참 준비 중이었으니까 그때는 '충분히 하겠구나. 구성하고 준비 시간이 충분히 되겠구나' 했는데, 의외로 3월에 올려버렸죠 세월호를, 3월 말에.

면담자   그러면 결국 2016년 11월에 공식 발표를 한 이후에 3월이면 12월, 1월, 2월, 3월이니까 넉 달 만에 새로운 인양 방법을 통해서 인양을 성공시킨 것이네요.

동수 아빠   그니까 준비가 다 되어 있는 상황에서, 그때 이제 한창 촛불이 성행했을 때고, 그러면서 박근혜 탄핵까지 가는 상황이었잖아요. 그니까 아마 눈치를 좀 보고 있지 않았나 [싶어요]. 만약에 박근혜 탄핵이 안 됐다 그러면 아마 세월호는 올라오지 않았을 거 같고, 탄핵 쪽으로 많이 기울다 보니까 그쪽에서 좀 뭔가 좀 해야 되는 상황이다 보니까 [일찍 인양을 한 것으로 생각돼요]. 처음에 저희한테는 그때 인양 그것을 테스트라고 했었어요. 가족들한테 공문이 왔었어요. 그래 가지고 "인양 테스트를 할 테니까 와서 참여해 주십시오"라고 해서 저하고 몇 명은 동거차도에 들어가고 나머지 그때 가족분들이 꽤 많이 내려갔어요. 한 80명 좀 안 되게 내려가 가지고, 일부는 동거차도로 들어갔고 나머지 분들은 해수부에서 대준 배를 타고 사고 해역으로 나갔고 이렇게 된 거예요. 미수습자들은 다른 배 타고 [갔었고], 기자들하고 사람들 다 준비해 둔 상황이고…. 근데 나중에 기자들한테 들은 얘기지만은 기자들은 인양이라고 해수부가 공식적으로 얘기해서 온 거고, 저희 가족들한테는 테스트라고 해서 보낸 거더라고요. 약간 차이가 있죠.

면담자   그러면 조금, 그 시기와 관련된 거를 간단하게 짚고 넘어가면 2014년 11월에 수색을 중단하고, 2015년 4월이었나요? 4월 중순에 인양에 대한 공식 발표가 있고, 8월에 업체가 선정되어서 8월 말, 9월 초부터 인양이 시작됐는데 2016년 11월까지는 상하이샐비지가 제안한 크레인에 의한 인양 방식으로 진행하다가 실패했고, 그다음에 2016년 11월부터 2017년 3월까지 네 달간의 기간을 거쳐 새로운 인양 방식을 사용했는데, 그것이 성공해서 인양이 됐다. 마침 그 한겨울에 계속되는 촛불시위가 있었고, 그런 정치 상황의 변동이 인양을 서두르게 된 하나의 계기가 된 것으로 이해된다. 이렇게 동수 아버님의 말씀을 정리해 볼 수 있을 거 같아요. 자, 그러면 남은 이야기가 그 11월에 사용한 인양 방법에 대해 앞서서 잠깐 말씀이 있으셨는데, 조금 구체적으로 어떤 방식으로, 어떤 작업을, 어떻게 해서 인양이 된 것이다라는 부분을 좀 종합적으로 설명을 해주시죠.

**동수 아빠**    그니까 일단은 상하이가 들어와서, 그 과정을 설명하면, 상하이가 들어와서 처음에 한 게 기름을 빼는 작업을 처음에 했어야 하는데 작업이 좀 그때부터 지연되기 시작해요. 그니까 원래 세월호[의] 유실 방지망이 제대로 되어 있었으면 아마 순서대로 착착 진행됐을 거예요. 근데 유실 방지망이 제대로 안 되어 있다 보니까 유실 방지망이 제일 먼저 선수로 된 거예요, 기름 빼는 작업이 뒤로 밀려버리고. 그러니까 그러한 과정 중에서 유실 방지망[이] 안 되어 있다 보니까 미수습자들이나 저희나 "유실 방지망[이] 안 되어 있는데 이거 어떻게 할 거냐?"라고 요구를 하니까 해수부가 65억인가 더 투입을 해요. 그래서 유실 방지망 작업이 시작이 돼요. 그니까 9월 달부터 유실 방지망 작업이 시작되는 거죠.

**면담자**    2015년 9월부터 일단 유실 방지망 작업부터 시작을 한 거네요.

동수 아빠    원래 기름 제거였는데, 유실 방지망이 안 되어 있다 보니까 인양 당시에 혹시 유해가 밖으로 유출될 수가 있어서 그 작업을 먼저 시작을 하고, 이제 그 이후에 유실 방지망이 끝난 이후에 기름 작업, 그거 끝나고 나서 이제 기름을 빼내고, 기름 탱크에다가 원래 공기를 넣기로 되어 있어요. 그래서 부력을 이용해 가지고 세월호를 인양하기로 되어 있거든요. 근데 공기를 넣다 보니까 그 공기가 새는 거예요. 샌다고 얘기를 하더라고요. 그래서 결국에는 그 방식을 채택하지 못하고 부력재의 방식을 다시 채택해요. 공기 부력재를 옆에 다는 거, 그다음에 안에다가 공기 부력재를 넣는 거, 이 방식을 다시 채택하게 됩니다. 근데 이 방식도 쉬운 방식이 아니에요. 왜냐면은 공기를 물속에다가 넣는 것도 힘들지만 옆에다가 부력재를 다는 것도 힘들어요. 그러다 보니까 천공이라는 걸 계속하게 되는 거죠.

이제 그런 과정 중에서 몇 번의 실패를 하고, 그런 과정 중에 아까 말씀드렸지만 브로크를 잘라내고, 스태빌라이저 잘라내고, 연돌 잘라내고, 마스터 잘라내고 이런 등등을 계속해요. 그러면서 이제 선수 들기가 6월 달에 시작을 해요. 그때 선수 들기를 잘못한 거죠. 무게중심 이런 게[걸] 전체적으로 확실히 개선하고 했었어야 했는데 좀 거기도 미스가 있었고 그다음에 해상 조건도 좀 안 좋았던 선 사실이고, 그래서 세월호를[가] 6.5미터, 7.1미터 찢어지는 초유의 상태가 발생하죠. 근데 그때 당시에 저희가, 가족들이, 저희하고 미수습자 가족하고 특조위하고 그때 사고 해역에 들어가 있었어요. 그 과정을 공개를 한다 그래서. 근데, 거기에서….

면담자    최초로 선수 들기를 하는 그때에 들어가서 보고 계셨단 얘기네요.

동수 아빠 　　　다 촬영도 하고 다 기록도 하고 했는데, 해수부가 들기를 천천히 시도를 하잖아요. 12시인가, 12시 조금 넘어서인가? 갑자기 해수부 직원들이 싹 사라져요. 그때부터 문제가 생긴 거였어요, 지금 와서 들어보니까. 사라졌다가 새벽 6시인가, 5시인가 다시 와서 "문제가 생겼다"라고 얘기를 하는 거예요. "뭐가 문제냐?" 그랬더니 "드는 과정에서 세월호가 조금 찢어졌다", "조금 찢어진 게 얼마냐?" 그랬더니 "조금 찢어졌다"는 거예요.

　　　그래 가지고 어떡해…, 그냥 작업 중단된다고 하더라고요. 그래서 나왔죠. 그다음 날 나와서 딱 들어가 보니까 그렇게 많이 찢어졌다고 발표를 한 거고, 그러는 과정 중에서 어찌어찌해서 실패를 했고, 두 번째 선수 들기 때는 좀 보강을 했더라고요. 그래서 두 번째 선수 들기에 성공을 해서 15개 빔이 먼저 들어갔고, 그 이후에 선미에다가 빔을 넣어야 되는데 선미를, 선미는 이제 부착을 해서 넣는 방식을 택한 거예요, 얘네들이. 근데 부착은 하다 하다 안 되는 거예요, 빔을 못 넣으니까. 그래서 나온 게 잭킹 방식이 그때 선미를 들어서, 잭킹으로 선미를 들어서 넣겠다고 발표를 한 게 11월 달이에요. 그와 동시에 인양 방식도 같이 바뀌게 된 거죠.

면담자 　　　그렇군요. 이제 잭킹 방식으로 드는 작업을 하는데 일반적으로 어느 정도 시간이 소요되는 걸로 파악되어 있습니까?

동수 아빠 　　　잭킹 방식으로 하게 되면은 공사 업체에 따라 약간 차이가 있겠지마는, 세월호 같은 경우에는 1년 안에, 잭킹 방식으로 하면 1년 안에 끝나는 걸로 되어 있어요, 기본적으로. 제가 정확하게 세부적인 것까지는 모르겠지마는, 업체들과 얘기했을 때 1년 안에 무조건 끝낼 수 있다는 게 업체들의 보편적인 입장이었어요.

면담자     11월 이후에 결과적으로 선미 쪽에 빔을 다 집어넣었을 때 빔 수가 모두 몇 개였어요? (동수 아빠 : 33개요) 원래 계획이 33개였나요?

동수 아빠     아니, 원래 계획은 28개였어요. 네, 28개.

면담자     처음에는 28개의 빔을 넣는 것으로 계획을 했는데 최종적으로 33개의 빔이 들어간 거네요. (동수 아빠 : 네, 다섯 개가 나중에 더 추가가 됐으니까) 그러면 이제 그니까 4개월 만에 잭킹 방식으로 들어낼 수 있었던 것은 그 앞에서 진행되어야 되는, 지금 말씀하신 기름 빼는 작업이라든지 등등 이런 것들이 이미 수행이 되었고, 선수가 찢어지기는 했지만 선수를 들어서 넣은 (동수 아빠 : 빔 때문에) 빔들이 있었기 때문에 4개월에 (동수 아빠 : 가능했던 거죠) 가능했던 것으로 우리가 이해할 수 있겠습니다. 11월부터 작업을 할 때에는 의혹 같은 건 없었습니까, 어땠습니까?

동수 아빠     그때부터는 의혹은 따로 없었고, 이제 다만 의혹이라고 하는 건 하나, 하루 만에 올라오는 거 보고, '아, 이거 다 준비가 되어 있었음에도 불구하고 시간을 끌었다'라고 저희는 생각을 하는 거죠.

면담자     감시를 한다든지 또는 무슨 작업을 하냐고 정보를 요청을 했다든지 할 때 그 11월 이전과 이후에 해수부 직원들의 태도 등에 변화는 있었습니까?

**동수 아빠**　　　없었어요. 그니까 "지금 계속 준비 중이고, 넣고 있다" [라고만 했죠].

**면담자**　　　비협조적인 거는 (동수 아빠 : 똑같아요) 계속되네요. 왜 제가 여쭙느냐면, 11월 이후 상황은 아까도 말씀드렸듯이 촛불 상황이 진행되고 있었고, 그래서 이제는 '해수부가 이것을 인양하겠다는 의지가 형성된 시기다'라고 우리가 판단한다면, 해수부 직원들의 유가족에 대한, 동수 아버지에 대한 태도가 조금 적극적으로 바뀌었을까를 제가 추측해서 여쭌 건데 그런 것은 없었다고 볼 수 있겠네요.

**동수 아빠**　　　그러니까 인양 방식이 바뀌고 나서 해수부한테 정확히 그 당시에는 4월에서 6월 사이에 인양을 했으니까 그때 당시에 "잭킹바지가 들어올 거다"라고 얘기를 했기 때문에 그 전까지는 전혀 그런 상황을 저희들도 짐작을 못 했으니까.

**면담자**　　　최종적으로 세월호가 올라오게 된 3월 상황을 조금 더 상세하게 설명 부탁드리겠습니다. 그 빔이 다 들어가고 배를 들기 시작하잖습니까? 그다음에 반잠수식 배가 들어오고 등등의 과정이 쭉 진행이 될 텐데 그 광경에 대해서 좀 구체적으로 설명 부탁드리겠습니다.

**동수 아빠**　　　"세월호[인양]를 테스트를 한다"고 저희한테 요청이 와서 (면담자 : 그게 언제였죠?) 3월 15일? 십 며칠인가가 처음에 저희한테 왔어요. "세월호 테스트를 하겠다"라고 저희들 가족들도 준비를 다 하고 내려가려고 하는데 다시 문자가 온 거예요. "날짜가 연기됐다" 그래서 "아, 그렇냐?"고 그러고 있는데, 바로 그다음 날인가 "날짜에 맞춰서 다시 하겠다"[라고] 바뀐 거죠. 그래서 준비를 다 하고 가족들을 데리고 내려간 거죠. 그래서 "가족이 몇 명이 내려오냐"고 물어보더라고요. 테스트인 줄 알고 많이 안 올 줄 알고 생각을 했나 봐요. 몇 명이 내려간다고 하니까 부랴부랴 해수부에서 배를 준비를 한 거죠. 그래서 가족들은 테스트라는 게 있기 때문에 그냥 몸만 간 거예요. 그래 가지고 이제 일부는 아까 말씀드린 배에 타고, 일부는 이제 나하고 서너 명인가 동거차도 들어갔었어요. 계속 감시를 하고 있었으니까.

들어갔는데, 근데 동거차도[에] 딱 들어가니까 기자들이 엄청 오기 시작하는 거예요. 그래 가지고 "왜 이렇게 기자들이 많이 오지? 테스트인데?"[라고] 물어봤더니 기자들은 인양으로 알고 왔던 거고…. 이제 더 황당했던 게 배가 올라오는 것도 중요하지만은 그동안 저희가 거기서 1년 6개월 있으면서 기자들이 그렇게 들어온 적이 없었어요. 근데 그때[가] 되니까 기자들이 엄청 들어오는 거예요. 옛날 같았으면 제가 올라오는 거에 대해서 터치를 안 했을 건데, 거기에 텐트가 세 동을 치다 보니까 사람이 있을 공간이 많이 없었어요, 그리고 기자들은 많이 오고. 그래서 순간적으로 이렇게 눌려 있던 게 터져버린 거예요. 왜 그렇냐면 그동안 세월호에 대해서 한마디도 안 하던 언론들이 인양을 한다니까 다 온 거예요, 스스로가. 그때 스스로가 짜증이 나는 거예요. 기자들한테 퍼붓기 시작했죠. "너네들 언제부터 세월호에 관심을 가졌냐? 한 번도 안 오던 것들이 인양한다니까 들어와서 그걸 찍겠다고? 너네들이 부모 마음을 아냐?"[라고] 막 지랄을 해놨죠. 솔직히 그때는 그럴 수밖에 없었어요, 왜 그러냐면 한 번도 안 왔던 사람들이 와서 그걸 하겠다고[찍겠다고] 이제 들어오니까.

165
•
2회차

거기 가가지고 이제 기자들하고, 내가 물론 그렇게 얘기하긴 했지만, 조율할 수밖에 없는 상황이었어요, 그 많은 기자들이 다 거기에 올라갈 수 있는 상황이 안 되다 보니까. 그래서 기자들[을] 조율해서 카메라하고 사진기자들을 좀 나누기 시작했죠. 그래서 올라와 가지고 있는데 이제 계속 저는 전화 통화를 할 수밖에 없는 거예요, "어떻게 되어가고 있냐? 뭐 하냐?", 근데 그런 전화 통화보다 기자들한테 듣는 게 더 빠른 거예요. 그러니까 이게 상황이 거꾸로 된 거예요. 기자들한테 다 모든 얘기를 해주고, 우리는 꼭 내가 전화를 해야만이 그 소식을 알려주니까 반대로 된 거죠. 이제 저녁 내내 기다리기 시작한 거죠. 기다림과의 싸움이죠, 그때부터는.

이제 세월호가 딱 뜨고 올라오기 시작하는데, 그때 동거차도에 있으면서 순간 저도 모르게 마비가 와버린 거예요. 그래 가지고 거기서 순간적으로 마비가 오니까 어쩔 줄을 모르잖아요. 그때 엄마들이 그 옆에 있으면서 마사지를 해주셔서 다행히 마비는 풀렸는데, 그러면서 계속 기자들과 얘기해 가면서, 계속 사전에 서로 얘기하고…. 그때까지는 무섭다는 걸 못 느꼈어요. 근데 세월호가 딱 육상으로 올라왔을, 딱 올라오는데 정말 무섭더라고요. 이걸 처음 보는 느낌이 '무섭다'[였어요].

그래서 이제 배가 딱 올라왔을 때 아침에 사고 해역을[에] 가족들이 나갔어요. 가족들은, 있는 배들은 거기까지 못 가니까 진실호[를] 끌고 나가는데, 제가 나가야 되는데 발이 안 떨어지더라고요, 무서워 가지고. 그니까 저녁에, 새벽 때 배가 올라왔잖아요. 그날 새벽에 딱 그걸 보고 아침까지 제가 울었거든요, 통곡을 하고 무서워 가지고. 밖

동수 아빠 정성욱

에 기자들 다 있고, 기자들이 뭐라고 말을 못 하는 거죠, 계속 텐트 안에서 혼자서 울고 있으니까 들어와 보지는 못 하겠고.

그런 상황에서 아침에 이제 배를 타고 가족들이 나가서 보고, 나는 위에서 있다가 딱 올라와서 그 상황을 보는데 무섭기도 무서울 뿐만 아니라 처음에 딱 눈에 들어온 게 '아, 유실 방지망이 안 되어 있네?', 처음에 눈에 들어오는 게, 그것부터 눈에 들어오더라고요. 무서운 것도 무서운 거지만 '아, 엉망으로 했구나' 한눈에 그게 박히는 거예요. 그러면서 유해 사건이 한 번 나오죠, 동물 뼈를 가지고 유해라고 그런 에피소드도. '쟤네 진짜 왜 그러지?' [싶더라고요]. 솔직히 그때는 유해라 그러니까 좋아했죠, '아, 그래도 나오는구나'. 근데 그게 가짜로 판명되고, 근데 문제는 그러면서 가족들이 계속 참여를 해야 되는데, 계속 가족들을 막아요, 그 상황에서도.

그러니까 원래 계획이 그 동거차도가 있으면은 동거차도, 병풍도 이렇게 되어 있어요. 그러면은 원래 잭킹 바지선, 아니 바지선이, 세워놓는 바지선이 여기서 바로 싣고 나가게 되어 있는데, 이 바지선이 어디에 가 있냐면 제일 깊고 제일 조류가 센 곳에 가 있었어요. 저희는 그걸 모르니까 물어봤죠. "저 자리가 괜찮냐?" 그랬더니 주민들은 [에게] 물어보는 거죠. 저 자리가 제일 깊고 제일 조류가 세다는 거예요. [그래서] "왜 저리로 가냐?"고 계속 통화를 했죠. 그랬더니 "안정적으로 할 수밖에 없다", "무슨 안정적이냐, 개뿔 같은 소리 하지 말고 왜 거기로 갔냐?", "안정적이다" 그게 답변이었어요.

근데 결국에는 여기에서 여기까지 가는 데 시간이 엄청 걸렸잖아요. 그러면서 가장 큰 문제는 뭐냐면은 기름. 기름을 수거를 했지만

100프로 수거는 못 하니까 기름이 둥둥 떠다니기 시작하는 거예요. 그래 가지고서 이 과정 중에 어민들이 반발이 생겨버린 거예요. 기름이 계속 뜨니 양식장[이] 있는 데 그 바로 앞에가, 그 양식[을] 다 버려야 되는 거잖아요.

근데 이 주민들의 화를 돋운 게 바로 해수부예요. 그러니까 배를 인양하는 과정 중에서 양식장[을] 보상하는 거에 대해서 얘기하는 과정 중에서 16년도, 그니까 그때 16년, 16년이죠? 아니, 17년이구나, 17년에도 왔어요, 그 해수부에서 고용한 사람들이. 뭐라고 주민들한테 얘기를 했냐면, "일단은 김 양식을 해라. 그리고 수확을 해라. 기름이 묻어 있든 어쨌든 간에 수확을 해라. 그리고 그걸 팔아라". 아니, 기름 묻은 걸 팔라고 하는 사람이 어디 있어요. "그러고 팔다가 못 팔면 그걸 보상해 주겠다"[라고 하니까] 주민들이 완전 열받아 버린 거죠, 그 상황에서. 아니 보상을 해주겠다는 게 아니라 기름 묻은 걸 팔라는 사람이 어디 있냔 말이죠. 그러니까 이제 주민들이 집단으로 나가서 거기서 항의를 했죠, 배를 끌고 나가서.

그러는 과정 중에서 '아, 힘들다'라는 생각도 했었고…. 근데 이제 올라오는 과정 중에서 램프가 열려서 절단을 해야 되네, 다시 내려야 되네, 이런 상황도 있었고, 하여튼 여러 가지 우여곡절 끝에 올라와서 배에 실었어요. 그런 과정을 지켜보는 과정 중에서 가장 힘들었던 게 '왜 우리한테는 테스트라고 하고 기자들한테는 인양이라고 얘기했으면서 왜 그렇게 거짓말을 해가면서까지 인양을 했을까?' 그리고 '무엇을 숨기기 위해서 그 먼, 원래 있던 장소가 아니라 그 멀리까지 갔을까?' 그 과정들을 본다면은 참 납득이 안 가는 설명을 많이 했죠. 그니

동수 아빠 정성욱

까 세월호가 육상에 거치되고 차량이, 확인 당시에 185대가 실려 있어야 되는데, 세월호에 남은 건 184대, 한 대를 잃어버렸거든요. 그 과정 중에서 잃어버린 거 같은데, 이런 여러 가지를 본다면은 많은 의혹을 아직까지도 가지고 있어요.

면담자    기름 유출 건 때문에 결국은 동거차도의 핵심 경제 수단의 하나인 미역 양식 쪽이 완전히 (동수 아빠 : 초토화됐죠) 초토화됐는데요. 그 과정을 보면서 순조롭게 인양 작업이 진행됐다면, 배를 올린 상태에서 나머지 기름을 제거한다든지 또는 주변으로 기름이 퍼지지 않도록 기름을 막을 수 있는 펜스들을 철저히 설치한다든지 등등이 충분히 가능했을 거 같은데 (동수 아빠 : 전혀 안 했죠) 진행이 안 된 이유는 뭐라고 보셔요?

동수 아빠    그러니까 그 처음에 배를 올리면서 저희가 "오일펜스를 좀 쳐달라"고 얘기를 했었어요. 그것을 해수부, 어민들이 직접 해수부에 얘기를 못 하고 그때 당시에 저한테 얘기를 했어요, 왜냐면 제가 계속 해수부한테[와] 통화를 한다는 걸 알고 있었기 때문에. 그래서 [어민들이] 요청을 해서 그래서 저희가 다시 [해수부에] 요청을 해줬어요. "오일펜스를 좀 쳐달라. 그리고 방제선 항상 띄워서 방제해 달라" [하고 해수부에] 요구를 했는데[도 이게 제대로 안 된 거지요]. 결국에는 오일펜스를 치긴 쳤어요. 다 친 게 아니라 그니까 이게 사고 해역이라면 요만큼만 친 거예요, 오일펜스를. 결국에는 오일펜스가 있으나 마나 하는 상황이 된 거고, 무용지물이 된 거고, 뭐 방제선이 제대로 방제를 못 한 것도 있어요. 그러다 보니까 계속 기름이 양식장으로 다 흘러들어 갔죠. 그게 눈에 보일 정도, 그니까 동거차도에서 보면은 기름이 둥둥 떠다니는 게 보일 정도였으니까, 그만큼 많은 기름이 흘렀으니까….

면담자    인양한 후에 육상으로 거치 과정을 거치잖아요? 저는 일반 시민의 관점에서 보니까, '바닷속에서 바다 표면으로 배를 올리는 것도 어렵지만, 사실은 이 배를 육상 위로 올리는 게 더 어렵겠다' 싶더라고요. 왜냐하면 부력을 전혀 받지 않는 상태에서 그 무게를 견디면서 배가 꺾어지거나 손상되지 않게 올려야 되니까요. 그 방법과 관련해서는 여러 가지 논란이 있었습니까, 어땠습니까?

동수 아빠    논란이 있었죠. 처음에 이제 육상으로 올라왔을 때, 아, 이제 생각났는데 그게 화이트 마린이라는 배예요. 그 바지선 배가 화이트 마린인데, 그 배는 원래 무게가 있어요. 화이트 마린 자체의 무게가 있어요. 그니까 배를, 세월호를 딱 싣잖아요? 그러면은 거기에서 총무게가 나와요. 화이트 마린에는 그 배를 실은 총무게가 나오니까 자기의 무게만 빼면 그게 세월호의 무게가 되는 거예요. 그 무게를 제대로 해수부에 통보를 해주고 준비를 했었으면은 아마 처음에 세월호가 삐딱하게 거치되거나 이렇게는 안 됐을 거예요.

　그니까 그거를 생각을 안 하고 30톤짜리 모듈 트랜스포터[차량 모양의 특수 운송 장비]를 갖고 온 거예요, 해수부가. 무게 계산을 잘못한 거죠. 들어가서, 딱 들어갔을 때 안 되더라고요. 저희가 다시 요구를 했어요. 그니까 울산에 가면은 50톤짜리 모듈 트랜스포터가 있어요. 그걸로 제가 계산을 해보니까 그게 다 오면은 세월호[를] 거뜬히 들어서 무사히 육상에 거치할 수 있는 상황이었어요. 근데 해수부는 저희 가족들의 말을 무시하고 그 30톤짜리를 가지고 모듈 트랜스포터를 했죠. 근데 결국에는 그게 실패로 끝난 거죠.

그래서 원래가, 세월호가 딱 지금 육상, 지금의 세월호[가] 거치되어 있는 것처럼 원래 그렇게 거치되기로 됐던 건데, 일자로 거치가 된 이유가 무게를 잘못 [계산한 거예요[탓이에요]. 그니까 올라오자마자 무게 계산을 잘못했기 때문에 계속 구멍을 뚫었어요, 더. 그러다가 물이나 뻘이 안 빠지니까 그게 중단이 된 거고. 그래서 결국에는 모듈 트랜스포터가 50축이 들어와야 되는데, 그거 가지고 부족하니까 더 부른 거예요. 더 불러가지고 더 많은 모듈 트랜스포터가 들어왔는데도 불구하고 결국에는 이동을 못 한 거죠. 중간에 가던 중에 모듈 트랜스포터가 고장이 나버린 거예요. 타이어가 터지고 막 이런 상황이 되니까, 그냥 그 상태 그대로 놔두게 된 게, [그렇게] 육상에 거치되게 된 이유가 그거에 의해서 그렇게 거치가 됐던 거죠, 처음에.

면담자        거치 후의 처리 얘기를 조금 하고, 그다음에 선조위 얘기를 제가 할 생각인데요. 육상에 거치된 다음에 어떤 순서로, 무엇을 해야 된다고 아버님은 생각하셨어요?

동수 아빠        그니까 육상에 거치되기 전에 가장 선행되어야 될 게 뭐냐면 화이트 마린이 [세월호를] 싣고 왔잖아요. 육상에 거치되기 전에 그 화이트 마린이 싣고 오다 보니까 뻘이 계속 빠졌던 거예요, 계속 흘러내렸으니까, 물속에 있다가 끌어냈으니까. 그 뻘 작업을 저희는 소중히 생각했어요. 왜 그러냐면 계속 [뻘이] 흘러내리니까 이런 [작은] 뼈는 그냥 빠질 수, 아무리 구멍을 적게 해도 빠진단 말이에요. 그것 때문에 가장 신경을 많이 썼던 게, 뻘 수습 작업을 저희는 가장 신경을 많이 썼어요, 일단은. 일단 육상 거치하는 건 나중 문제고, 그 많은 화이트 마린[의] 뻘을 어떻게 할 거냐, 그게 가장 저희한테는 큰 목적이었어요, 혹시 모르니까.

근데 화이트 마린은[에] 갈 수가 없어요. 그니까 화이트 마린에 타는 순간, 화이트 마린[이] 아까 제가 말씀드린 것처럼 화이트 마린은 외국 선박이잖아요. 거기 넘어가면 다른 나라가 되는 거예요, 우리나라에 들어와 있지만은. 그것 때문에 참 애로 사항이 많았어요. 그래 가지고 해수부가 자기들이 책임지고 가족들을 넣어주겠다고 했다가 결국에는 그게 실패로 끝나고, 그러다가 결국에는 이제 우리나라 작업 인부들이 거기 들어가서 작업을 하긴 했어요. 그래서 가족들이 저하고 두 명인가? 한 명이 더 인부로 위장을 하고 거기에 들어가요. 그래서 뻘 작업하는 거 다 지켜보고, 처음에 있는 그 상태[의] 있는 모습을 다 카메라로 담아요. 그때는 카메라를 들고 갈 수 없으니까, 작업 인부라고 했으니까, 핸드폰으로 돌아가면서 다 찍어요. 그게 가장 첫 번째 저희가 한 일이에요.

면담자      그 얘기는 중요해서 앞의 부분부터 제가 다시 한번 좀 체크를 하면요. 세월호가 이제 물 위로 떠올라서 그다음에 반잠수식 배 (동수 아빠 : 화이트 마린) 배로 이동을 시킨 거 아니에요. 그 거리가 꽤 됐죠? (동수 아빠 : 그래서 가족이) 어느 정도 됐죠, 거리가? (동수 아빠 : 하루, 하루 갔으니까요) 그러면은 이제 결국은 배가 물 위로 뜬 상태에서는 뻘이 빠져나갈 거 아니에요. 그러면 사건 해역에는 유실 방지망이 되어 있지만 세월호가 화이트 마린으로 이동하는 (동수 아빠 : 얘도 가는 과정 중에 뻘이 빠졌고) 과정에서 뻘이 빠졌을 때에 거기에 뭔가가 있었을 가능성이 없지 않겠네요. (동수 아빠 : 그렇죠) 거기에는 유실 방지망이 없기 때문에 뭐가 있었다고 하더라도 유실될 수밖에 없는 상황이네요? 그럼 뻘을 통해서 우리가 지켜야 될 것들이 뭔가 유실되어서 지켜지지 못했을 가능성이 열려 있다고 보셔요?

동수 아빠　　네, 그니까 이 거리를 이동하는 동안 많은 뻘이 빠졌을 거고, 그래서 미수습자분들이 뭘 요구했냐면 사고 해역은 펜스가 쳐져 있기 때문에 여기는 수색을 했지만은 그래서 안 나왔잖아요. 그래서 미수습자분들이 요구를 한 게 배가 간 경로를 다 수색을 해달라고 했어요. (면담자 : 네, 네) 근데 결국은 이 경로를 수색한다는 거 자체가 엄두도 안 나는 일일뿐더러 액수가 어마어마하게 커요. 그러다 보니까 이걸 손을 못 댔던 거죠.

면담자　　그뿐만 아니라 바다 밑에 유속이 있기 때문에 만만치 않은 일임에는 틀림없죠. (동수 아빠 : 어디까지를 수색해야 되는지 구간을 못 잡는 거예요) 배 밑에 무슨 주머니 같은 것을 달고 이동을 하는 방법은 없었나? (동수 아빠 : 그렇게는 못 하죠) 못 합니까? 네.

동수 아빠　　그렇게 하려면은 유실 방지망을[이] 제대로 잘되어 있었으면은 그나마 조금 안심이 되는데, 아까 제가 말씀드렸지만 처음에 딱 올라왔을 때 무섭다고 느낄 뿐만 아니라 유실 방지망이 제대로 안 되어 있는 걸 제가 느꼈다고 그랬잖아요. 그니까 큰 구멍들은 막았어요. 근데 작은 구멍들은 못 막았던 거예요. 그러다 보니까 제가 유실 방지망이 제대로 안 되어 있다고 얘기를 했던 거고.

면담자　　거치가 된 이후에 뻘을 제거하는 것부터 시작해서 뻘을 끄집어내서 뻘을 조사하는 거죠. 여러 가지 조치가 필요했을 텐데, 무엇 무엇이 필요하다고 생각하셨습니까?

동수 아빠　　일단은 가장 선행되어야 될 게 안전, 안전에 대한 게 가장 먼저 선행이 되어야 된다고 생각했어요. 무턱대고 들어갈 수 있는 상황은 아니기 때문에 안전에 관한 사전의 그 판단을 먼저 해야 되는 거고, 그다음에 어디로 어떻게 들어갈 건가, 구조적인 문제, 그다음에 작업자들의 보안, 유해가 나온다든지 그러면 이게 보안이 지켜져야 하니까 보안 문제, 이게 가장 큰 문제로 생각했던 거죠.

면담자　　이제 목포 신항에 세월호가 올라온 다음에 거기 컨테이너 등등을 포함해 작업을 위해서 또 조사를 위해서 또 유류품을 포함한 여러 가지들을 귀중히 잘 다루기 위해서 등등 여러 일들이 필요했을 텐데, 어느 정도 인력이 목포 신항에 들어가 있었습니까?

동수 아빠　　해수부, 해경, 국과수, 소방서, 그다음에 전라남도 교육, 아니 전라남도, 그다음에 서울교육청, 그다음에 안산시청, 목포시청, 그다음에 안산교육청, 그다음에 또 어디 있더라? 전국적으로는 그 정도 들어와 있고, 그다음에 그때는 선체조사위가 있었기는 하지만은 조사관들이 없었어요, 4월 달에는. 그래서 그때 유해 전문가 위원이 한 분, 두 분이 와 있었어요, 그 두 사람, 그리고 선조위 위원들 이게 다였었으니까. 그리고 가족들, 가족들도 좀 나뉘어져 있었죠, 미수습자들하고 저희하고 나뉘어져 있었던 상황이니까.

면담자　　유해 발굴 전문가 두 분은 누구신지 기억하십니까?

동수 아빠　　당연히 기억하고 있죠. 1기 특조위 때 송×× 조사관하고 그다음에 오×× 조사관.

면담자     그 두 분이 그 이후에도 중요한 역할을 열심히 하신 대표적인 분들이죠?

동수 아빠     그렇죠. 그니까 두 분이서 같은, 초창기 4월 달에 들어오서 가지고 고생들 많으셨죠, 유해 전문으로 모셨으니까.

면담자     그분들이 이제 선체조사위로 이어져서 조사관 활동을 계속하신 거네요. (동수 아빠 : 네) 오 조사관님 등에 대한 이야기는 많더라고요, 엄청 열심히 하셨다고. 이제 그래서 작업이 시작됐고, 그다음에 목포 신항에서 카메라 등등도 설치하고, 제 기억에는 동수 아버님이 하루 종일 눈이 빠져라고 화면을 보고 계시던 모습이 기억납니다만 주로 거기서 동수 아버님이 하신 활동은 어떤 거였습니까?

동수 아빠     일단은 뭐 감시 활동은 기본적인 거고, 거기서 나온, 선내에서 나오는 게 증거이기 때문에 그걸 하나하나 다 체크하는 게 주요 임무였고, 또 유류품은 애들 유류품이기 때문에 또 소중히 다룬 하나의 그런 것도 있었고, 가장 중요한 것은 침몰 원인을 밝히기 위해서는 세월호가 그대로 보존되어야 하기 때문에 그래서 그 문제를 가장 신경 많이 썼던 거죠.

면담자     혼자 할 수 있는 일은 아니었거든요. 주로 어떤 분들이 도움을 같이 주고 있었습니까?

동수 아빠     그때 이제 처음에 내려가서 했던 분들이, 같이 처음에는 내려갔지만 나중에 시간이 지나면서 했던 분들이 장동원 팀장, 대[외]협[력]분과장, 대협분과 팀원들이 좀 더 도와줬고, 그다음에 사무처 팀장이신 김광배 [건우] 아버님, 그다음에 건우 엄마, 그리고 3반 대표랑 9반 윤희 엄마 등 주로 그분들이 상주를 하면서 많은 도움을 줬죠. 그리고 아버님들하고 어머님들이 돌아가면서 내려오기 시작했고요.

면담자  처음에 뼈이 나왔을 때, 말하자면 뼈 안을 되게 조심스럽게 조사를 해야 되는데, 뼈이 막 굳어 있고 여러 가지 어려움이 있었잖습니까?

동수 아빠  처음에는 안 그랬고 나중에 차후로 가면서 많이 굳어졌죠.

면담자  그런 거는 주로 어떻게 처리를 하셨어요?

동수 아빠  물에 담겼다가 녹으면은 뼈 다시 수습하고 그랬죠.

면담자  그 조사가 종료된 것은 언제였습니까?

동수 아빠  조사가 종료된 것은 5월 이전에 종료가 되었고요, 조사는. 4월? 3월, 3월 말? 4월 초에 조사가 종료됐고, 근데 그 뒤로 보고서를 이제 쓰는 과정이었고, 세월호 직립은 6월 달이었고.

면담자  지금 3월, 4월이라는 게 연도가 2018년을 이야기하시는 거죠? (동수 아빠 : 네) 그러면 1년간 작업을 했다는 얘기네요.

동수 아빠  아, 완전 작업은 올해, 올해, 잠깐만 올해 5월, 7월? 7월에 끝났죠.

면담자  2018년 7월에 끝났고, 그러면 1년 한, (동수 아빠 : 6개월) 1년 6개월 정도 걸렸다고 봐야겠네요. 주로 시간이 그 정도로 많이 걸린 핵심 이유는 뭐라고 보십니까?

동수 아빠    아, 일단은 직립을 해야만이 더 수색할 수 있는 상황이었기 때문에 직립 과정이 좀 시간이 걸렸고, 눕혀 있는 상태에서는 위에 부분은 다 했는데, [아래 부분은] 자연적으로 할 수가 없고, 그다음에 기관실 내부를 할 수가 없는 상황이었기 때문에 그 시간이 많이 걸렸죠. 직립하고 나서 기관실 내부가 뻘 수습하는 데가 상당히 많은 시간이 걸렸죠.

면담자    직립과 관련해서도 방법이라든지 기타 등등에 대해 많은 논의가 있었고, 미수습자 가족들 입장에서는 직립에 대한 두려움도 있었을 거 같은데, 그런 점은 어땠습니까?

동수 아빠    그러죠, 뭐 잘못하면 이제, 하다 보면 유해가 손상될 수 있다, 그런 부분에 대해서는 많이 우려를 했었죠. (면담자 : 어떻게 잘 그래도 협의가) 협의가 됐었죠. 그나마 그러지 않고서는 선내에 들어갈 수 있는 방법이 없고, 그렇게 되면은 조사를 할, 조사뿐만 아니라 수습을 못 하니까…. 그러면 결국 세월호를 다 조각조각 내야 되는데, 또 그렇게 되면 진상 규명을 할 수가 없으니까 이제 난관에 봉착이 되어 있는 상태에서, 저희가 할 수 있는 그 부분들은 설득을 해서 "배를 세워서 조사와 수습을 같이 병행할 수 있는 방법을 해야 되지 않나?" [하고 말씀을 드리는 거였죠]. 근데 그 [미수습자 가족]분들도 처음에는 좀 거기에 대해서 반대를 하셨다가 결국에는 이제 설득을 저희들이 했죠. 저희뿐만 아니라 선조위랑 저희랑 설득을 해서 세우는 게 그래도 조사와 수습, 수습을 안정적으로 할 수 있는 게 그 방법밖에는 없으니까, 그래서 그분들한테 좀 양해를 구하고 많은 노력을 했죠.

**면담자**     조사, 수습 종료 선언을 할 때 미수습자 가족들 입장에서는 받아들일 수 없는 그런 상황일 수도 있잖습니까? 총 몇 분이 발견이 안 된 거죠? (동수 아빠 : 다섯 분이요) 그러면 그 다섯 분의 가족들은 직립 후에 조사를 종료 선언하는 것이 결국은 미수습으로 상황이 끝나버리는 거니까 그걸 받아들이시기가 참 어려웠을 거 같은데 현장에서 보시기는 어떠셨습니까?

**동수 아빠**     그분들이 기자회견 하면서, 직립 전에 그분들이 기자회견을 했거든요. '끝난 게 끝난 건 아니다. 직립 후에도 많은 조사를 해서 찾아달라'는 말씀을 하시는데, 그때 당시에는 그 말을 듣는데, 어떻게 해야 될지를 모르겠더라고요. 저희들이 찾는 것도 찾는 것이지만, 조사를 중점적으로 해야 될 부분이 생기니까 그렇게 했지만은, 그분들이 그렇게 얘기를 하고 목포 신항을 떠나면서 그런 말씀을 하시는데 이게 부담감이라고 해야 되나요, 책임감이라고 해야 하나요. 그분들은 이제 다 내려놓고 믿고 떠나시는 거니까, 엄청난 스트레스로 그게 다가오더라고요, 부담감으로. 아마 그러면서 더 힘들게 생활을 하게 된 거 같아요.

**면담자**     사실은 그래서 다섯 분의 미수습자를 찾기 위해 무언가를 할 수 있는 조치 가능성이랄까, 이런 게 열려 있습니까? 바닷속을 다시 뒤진다든지 등등해서….

**동수 아빠**     일단은, 지금 바닷속을 다시 뒤진다는 것은 해수부가 어떻게 지금 진행하고 있는지는 모르겠지만 아마 그건 힘들 것 같고, 미수습자 찾는 것은 거의 마무리라고 보시면 될 거예요. 아예 지금 세월호 안에는 없기 때문에 미수습자 찾는 것은 거의 끝났고, 현재 남아 있는 것은 조사 과정만 남아 있는 거….

면담자 　미수습자들도 불가피하게 그 상황을 받아들이는 것으로….

동수 아빠 　네, 그니까 영결식을 했으니까…. 영결식은 진작에 했지만은 직립 이후에 그분들이 거기에 오셔서 상주를 하시면서 좀 지켜보셨어요, 그러고 나서 없으니까…. 그니까 최대한 세우고 나서 기관실까지 싹 뒤졌거든요, 기관실 싹 뒤지고 뒤질 만한 곳은 다 뒤졌으니까…. 지금 못 뒤진 곳이 탱크 쪽만 못 뒤졌거든요, 탱크 쪽 일부를 못 뒤졌거든요. 왜냐면 탱크는 밀폐된 공간이에요, 그니까 잘못하면은 이게 사고가 날 수 있는 부분이다 보니까 그래서 좀 그 부분만 빼고는 다 했기 때문에….

면담자 　네. 잠시 휴식하고 다시 시작하도록 하겠습니다.

(잠시 중지)

# 10
## 선체조사위원회 활동에 대한 아쉬움

면담자 　목포 신항으로 세월호가 올라오고 직립 등의 과정을 거치는 사이에 선조위가 구성되는 거죠? (동수 아빠 : 네) 최종 구성이 완료된 게 대체로 언제 (동수 아빠 : 7월 달이요) 7월 달 (동수 아빠 : 7월 1일) 2017년 7월이네요. 선조위는 어떤 사람으로 어떻게 구성되었어요?

동수 아빠    선조위는 일단은 그래도 해양 전문가들로만 구성이 됐어요. 근데 그게 좀 오류였던 거죠. 너무 전문가들로만 구성을 하다 보니까 알력 싸움이 좀 있었어요.

면담자    선조위 구성의 법적인 근거는 뭐였어요?

동수 아빠    일단은 저희가 선조위를 만들게 된 이유가 있어요. 원래는 1기 특조위가 있었으면은 선조위가 필요가 없었는데, 1기 특조위가 강제해산되면서 선체가 올라오면 조사할 대상이 없어져 버린 거잖아요, 조사할 수 있는 주체가. 결국에는 해수부가 나름대로 조사를 하게 되면은 그건 못 믿을 거니까, 그래서 "조사할 수 있는 기구를 만들어달라"라는 게 처음의 취지였죠. 그래서 국회가 됐든 다른 거가 됐든 만들어달라라고 해서 저희가 촛불집회 때 외치고 다녔던 거예요. 그래서 국회에서 이제 박주민 의원과 몇 명이 그걸 발의를 했던 거고, 그래서 그게 만들어진 거죠.

면담자    그러면 이제 선조위원을 구성하는 게 제일 어려웠을 텐데 그 과정에서 유가족들이 추천한 사람들이 제대로 위원으로 임명이 됐습니까?

동수 아빠    네, 임명은 됐습니다.

면담자    근데 아무래도 해양 전문가들이다 보니까 해양 쪽의 전문성은 있다고 하더라도 다른 측면에서 여러 한계들이 있었겠네요?

동수 아빠    그니까 일단은 선조위가 구성된 게 목포해양대, 한국해양대 위주로 해서 많이 결성이 됐어요, 출신들이. 그러다 보니까 서로

.싸우는 경향이 있었고 그런 과정 중에서 위원들 내부에서도 상당히 많은 계파 갈등이 있었죠. 그니까 뭐 위원장은 변호사 출신이고, 그다음에 1소위 위원장은 1기 특조위 때 했던 분이, 권영빈 상임위 분이 했고, 2소위 위원장은 김영모 목포해양대 출신 분이 하셨는데, 이렇게 하다 보니까 서로 간의 핑퐁 게임을 좀 많이 했죠. 김영모 위원장, 부위원장 같은 경우에는 저기 CRISO[선박해양플랜트연구소] 문제를 좀 했던 분이고, 비상임위원들도 마찬가지로 일부 의원들이 다 세월호하고 연관이 되어 있는 분들이 다 들어왔다 보니까 좀 문제가 좀 컸었어요.

그런 걸 알면서도 그래도 나름대로 자부심을 가지고 있는 분들이라고 저희는 생각을 했었어요. 그래서 객관적으로 좀 해줄 줄 알았더니 그게 아니더라고요. 그러다 보니까 배가 산으로 가게 된 거죠, 이제. 서로 간에 완력 싸움도 있었고, 정작 조사를 해야 되는데 조사를 제대로 하지를 못했어요, 서로 싸우는 과정도 있고. 조사하는 과정 중에서 선조위 내부에서 우리들끼리 싸우다 보니까, 이게 뭐 하나를 조사하고, 이렇게 조사하면 결국 모여서 토론을 하고, 여기에서도 발췌를 해가지고 뭐가 틀렸으면 서로 간에 도와주고 이래야 되는데 이게 없었던 거예요. 그냥 조사해서 이렇게 올라가면은 "이거 안 돼. 다시 조사해" 이런 기득권 형식의 조사가 이루어지다 보니까 좀 문제가 많았죠.

**면담자**  조사관으로는 몇 분 정도가 계셨습니까?

**동수 아빠**  조사관이 80명인가 그 정도 되는 걸로, 정확히는 제가 모르겠고.

면담자　　　　파견 공무원들도 많이 있었습니까?

동수 아빠　　네, 있었습니다. 근데 파견 공무원들은 그렇게 큰 문제
는 없었어요. 큰 문제는 없었는데, 조사관들이 문제가 좀 많았죠. 그
니까 결국에는 해피아하고 연관되는 조사관들이 많다 보니까 결국에
는 그 나물에 그 밥이 되어버린 거죠. 그니까 이 선조위가 세월호의
침몰 원인을 좀 밝혀줬으면 하는 바람으로 저희가 만들었는데, 결국
에는 아까도 말했지만 이렇게 두 개 학교가 들어와 있고, 또 두 개 학
교 중에서도 선원직과 엔지니어링 쪽으로 또 나뉘어져요.

　그니까 엔지니어링은 "배가 문제가 없다"라고 주장을 하는 거고,
그니까 "배가 문제가 없고 선원들이 잘못했다"고 그러는 거고, 선원들
로 구성된 그 팀들은 "선원들은 잘못 없다. 배가 문제"라고 주장을 하
는 이런 상황이 되어버린 거죠. 그런 데다가 해수부가 주관을 하잖아
요. 근데 공교롭게도 해수부도 마찬가지로 같은 학교 출신들이 쭉 들
어와 있는 거예요. 목포해양대 출신들인데, 김영모 씨부터 시작해서
그 라인으로 쭉 따라가 보면은 전부 다 목포해양대 출신들인 거예요,
해수부도 마찬가지. 그러다 보니까 배가 조사가 아닌 엉뚱한 길로 많
이 갔죠.

면담자　　　　상식적으로 생각하면 세월호가 지상에 올라왔으니까
상세한 조사나 실험 등이 모두 가능했을 것이란 말이죠? 조사 완료는
충분히 가능한 상황 아니었을까 싶은데….

동수 아빠　　그니까 종료를 했는데, 눕혀 있는 상태에서 조사를 했
잖아요. 면밀히 조사를 못 한 거예요, 눕혀 있다 보니까. 눕혀 있는 상

태에서 사진을 아무리 열심히 찍고 보려고 하더라도 눕혀 있다 보니까 가까이 가서 봐야 될 [것도 가까이 갈 수 없는] 상황이잖아요. 사진으로밖에 판독을 못 하는 거죠, 가까이 갈 수가 없으니까. 그런 상황이다 보니까 조사가 제대로 이루어지지 않았고, 첫째는. 그다음에 둘째는 여러 가지 그 용역이나 이런 걸 했지만은 그 용역 과정 중에서도 문제가 많이 발생했고, 용역이 나가면은 아까도 말한 것처럼 용역 과제에 대해서 토론하고 논의를 해서 나와야 되는데 그렇지, 그니까 그런 게 전혀 없었던 거고. 그러다 보니까 조사의 한계가[에] 부딪친 거죠. 배는 누워 있고, 용역은 나가더라도 토론이 안 되고, 일이 안 되다 보니까 한계가[에] 부딪치는 거예요.

그래서 결정한 게 "그러면 배를 세우면은 조사할 수 있지 않냐?" 그래서 배를 세우게 된 것이 시작이 된 거고, 그런데 정작 배를 세워 놓으니까 아니 조사가, 조사가 끝났다고 생략을 해버린 거예요. 그러고 보고서를 써야 되니까, 배를 세워, 세운 상태에서는 조사가 하나도 안 이루어진 거예요. 그니까 직립하고 나서 조사는 하나도 없었어요. 그러다 보니까 뭐 보고서는 나왔지만은 여러 가지 안 맞는 얘기들이 계속 나오는 거죠.

**면담자**      아, 직립 후에 내부에서 여러 가지 엉켜 있던 물건들 다 빼내고 누워 있을 때 바닥에 해딩한 부분들을 조사할 수 있는 상황이 되었음에도 불구하고 선체조사위에서는 이 부분에 대한 상세한 조사가 없었네요. (동수 아빠 : 아, 없었어요) 그때는 그러면 보고서 작업 등을 하는 데 다 몰두하고 있었나요?

**동수 아빠**      그러다 보니까 뭐 제대로 조사를 못 했죠. 눕혀 있는 상태에서 겉핥기식으로 조사만 한 거예요.

면담자     그러면은 직립 후에 추가 조사가 필요한 부분은 현재 있는 사참위의 몫으로 남은 걸로 봐야겠네요? (동수 아빠 : 네) 동수 아버님이 보시기에 직립 후에 새롭게 발견된 선체의 특징이나 그 밖의 부분이 혹시 있습니까?

동수 아빠     일단은 외관상으로는 빔으로 가려져 있던 부분들이 다 뜯어져 나왔으니까 그 부분을 이제 조사해야 하는 부분이 있고, 그다음에 마찬가지로 스태빌라이저가 돌아갔다는 사실이 나왔지만은 좀 더 확인을 하기 위해서 직립을 했으니까 이제 그 안을 뜯어서 보는 그 작업도 남아 있는 거고, 여러 가지 상황이 좀 남아 있죠. 근데 그것을 면밀히 조사를 안 했죠, 선조위 때는.

면담자     현재 그게 사참위의 조사 대상으로는 올라가 있습니까? (동수 아빠 : 네, 다 올라가 있어요) 최종적으로 조사 보고서를 작성했는데, 지금 직립 후에 조사가 되지 않았기 때문에 한게가 있다는 말씀을 하셨고요. 근데 그럼에도 불구하고 그 조사 보고서 안에는 아까 제가 말씀드린 기초 조사에 해당하는 사진이나 기타 등등, 그 사안들은 다 실려 있는 상태입니까?

동수 아빠     네, 그 사안들은 다 실려 있죠.

면담자     그리고 선조위에서 조사관들이 조사 작업을 하면서 다양한 기록이나 데이터를 남겼을 텐데, 그것은 온전히 보전되어서 이관되어 있습니까, 어디론가?

동수 아빠    그니까 통신망에 올린 것은 다 기록에 남아 있고, 통신망에 안 올린 기록들은 다 없어졌죠. (면담자 : 없어졌다고 하시면) 통신망에 안 올린 기록들은 받을 수가 없는 거죠.

면담자    지금 없어졌다고 하시는 거는 그러면 파기를?

동수 아빠    그니까 개인이 가져갔거나 개인이 조사한 것은 통신망에 올리는 사람이, 무슨 용역을 해서 통신망에 올리는 것과 개인이 조사한 것은 통신망에 안 올린 것들이 있어요. 그런 거에 대해서는 차이가 있죠.

면담자    통신망이라고 하는 것은 선조위에서 사용하던 어떤 시스템, 컴퓨터시스템으로 등록하고 업로드하는 것을 말씀하시는 거죠? (동수 아빠 : 네) 그렇게 하지 않고, 종이로 출력한 거라든지 자기 개인 노트북에 가지고 있는 거라든지 이런 것들은 다 종합적으로 수집이 되어서 보관이 되고 있는 상태는 아니라는 거네요. 그런 모든 데이터가 사참위로 이관이 되어서 분석할 수 있다면 그게 최상일 텐데 그렇게는 되지 않은 것이네요. 선조위 보고서에 대해서는 어떻게 평가하십니까?

동수 아빠    일단은 보고서[가] 나왔다는 걸로는 의미를 갖고 있고, 다만 이제 두 가지 안이 나오다 보니까 거기에 대해서 좀 불만을 가지고 있죠. 좀 더 적극적으로 더 회의를 하고, 충돌이 나더라도 회의를 하고 했어야 되는 건데 그러지 못한 거에 대해서 [아쉬움이 남죠]. 그니까 참 위원회라는 게 3 대 3으로 가잖아요, 항상. 그런 거 보면은 좀 문제가 있었던 거죠. 그니까 주장하는 것과 주장하지 않는 것의 차이는 저희도 알겠는데, 그걸 객관적으로 위원회 분들이 종합적으로 모아서 토론을 하고, 문제[가] 있으면 전체적으로 조사관들[을] 모아놓고 얘기를 해야 되는 게, 그러질 못했다는 게 가장 큰 아쉬움으로 남아요.

면담자          지금 민간에서 전문가로, 조사관으로 참여했던 분들은 대체로 그 이후에 어떤 활동들을 하고 계십니까?

동수 아빠          일부는 사참위[에] 들어가신 분이 있고, 일부는 그냥 사라지신 분도 있고….

면담자          사실은 그 조사관들에 대해 대단히 큰 기대를 했는데….

동수 아빠          그렇죠. 일단은 선조위[를] 만들 때 기대를 했었는데, 기대와는 달리 좀 엉망으로 만들어졌죠.

면담자          그리고 선조위 자문위원회에서 세월호를 어디에, 어떻게 거치할 것이라든지 여러 논의가 좀 있었는데, 그 논의들에 대해서는 어떻게 바라보고 계셨습니까?

동수 아빠          그니까 처음 논의가 나온 게 미수습자 수습[을] 한창 하고 있을 때, 그게 첫 논의가 나왔어요. 그것을 근데 과제라는 건 알겠는데, 수습하는 과정 중에서 선체를 어떻게 할 것인지를 공론화한다는 자체가 너무 발상이 아니라고 생각을 했었어요. 그니까 그것을 최소한 그렇게 하려면은 미수습자분들이 계시니까 그분들한테 "지금 이런 용역 과제가 있다. 그래서 이걸 해야 되는데 어떻게 생각하냐?"라고 물어보고, 좀 생각할 시간을 주고 이걸 했었어야 했는데, 자기들 안이 있으니까 이걸 공고를 하려고 했던 거예요. 그러다가 결국은 미수습자분들이 알아서 그게 철회되는 이런 상황까지 가는 상황이 있었거든요. 그니까 물론 그건 차후 문제잖아요. 보존을 어떻게 할 건지, 어디로 갈 건지는 차후 문제이지만, 최소한 미수습자분들이나 가족들을 생각한다면은 그런 것에 대해서 충분히 논의를 먼저 해줬으면은 하는 바람이 있었는데, 그런 게 이루어지지 않았던 거죠.

면담자　　그 자문위원회는 한번 들어가 보신 적이 있습니까? (동수 아빠 : 네, 있죠) 아마 위원장이 주강현 씨였죠? (동수 아빠 : 그건 모르겠어요) 회의 분위기는 어떻게 보셨습니까?

동수 아빠　　그 회의는 안 들어갔고, 그 회의는 그니까 처음에 저희가 자문위원으로 위촉이 되긴 됐어요, 제가. 근데 그것도 좀 웃긴 게 뭐냐면은 그니까 소위별, 소위가 1소위와 2소위로 나뉘어져 있었거든요, 선체조사위가. 2소위는 저희 가족이 자문위원으로 들어갔어요. 이제 1소위에도 저희 가족이 자문위원으로 들어가려고 하니까 이 위원회에서 막아버린 거예요, "피해자는 자문위원회에 들어올 수 없다" [라고].

면담자　　죄송합니다만 1소위는 뭐고, 2소위는 뭡니까? 뭘 다루는 겁니까?

동수 아빠　　1소위는 조사를 하는 단위이고, 2소위는 선체 보존. 어기는 가족들이 추천이 되어서 저하고 대협분과장하고 들어가 있는 상황이었고, 1소위도 마찬가지로 피해자니까 들어가서 자문위원을 하려고 했는데 위원회에서 막아버린 거예요. 그니까 2소위는 됐는데 왜 조사소위는 안 되냐 이거죠. 그걸 보니까 이해당사자, "가족은 이해당사자다"라고 얘기를 하는 거야. "그래? 그럼 여기[2소위]는 우리가 왜 들어가 있냐? 우리도 빠지겠다" 해서 빠져버린 거죠. 그러니까 같이 들어갔으면은 똑같이 들어갔어야 했는데, 어디는 되고 어디는 안 되고, 이게 말이 안 되잖아요.

면담자          이제 선체조사위와 관련해서 좀 마무리 얘기로 여쭙고 싶은데, 선체조사위에서 처음으로 논의가 된 '선체를 어떻게 할 것인 가?'에 대해서 동수 아버님은 어떻게 하는 게 좋다고 보십니까?

동수 아빠          저는 처음에 생각은 안산으로, 저는 안산으로 생각했었 어요. 안산으로 올 수 없다면은 조사가 끝난 이후에 그냥 분해를 했으 면 좋겠다는 게 공식적인 입장이었어요. 그래서 저희 [4·16생명]안전 공원이 되면은 거기[에] 세월호[의] 상징적인 건 필요하니까, 세월호 하 면은 상징적인 게 침몰 당시에 선수 부분만 떠 있었잖아요. 그 부분은 안산으로 오고, 그다음에 조타실 같은 경우에는 목포해양대랑 한국해 양대, 물론 나쁜 사람들이지만 그래도 선원이 버리고 탈출을 했으 니까 거기에 경각심을 가지고 교육할 수 있는 장소로서 그쪽으로 이관 하는, 이렇게 생각했고, 나머지는 이제 세월호를 기억하겠다는 곳에 서 필요하다면은, 나는 이렇게 해서 세월호는 갔으면 좋겠다는 게 기 본적인 입장이었어요, 안산으로 올 수 없다 그러면은.

면담자          가장 좋은 것은 선체 그대로를 안산으로 가지고 와서 그것을 (동수 아빠 : 안전체험관으로 활용할 수 있는 방안을 찾는 거죠) 현 재도 그 부분은 논의가 진행 중인 상태네요. (동수 아빠 : 네) 사참위 사 안이라고 볼 수 있습니까? 지금 어디서 논의해야 하는지 모르겠네요.

동수 아빠    특조위[선조위]가 끝난 다음에, 특조위[사참위] 하는 과정에서 조사를 해야 될 부분이 있기 때문에, 하는 과정 중에서 아마 논의가 들어갈 거예요, 특조위[사참위]랑 같이.

## 11
### 촛불집회, 마음으로 함께해 주는 시민들에 대한 고마움

면담자    오늘로서는 이게 마지막 질문인데요. 말씀하시는 시기의 중간에 촛불 정국이 진행이 됐고, 제가 촛불 정국에서 가장 인상에 남은 것이 유가족들이 촛불집회 때마다 그리고 청와대로 행진할 때마다 최선두에 섰던 것을 잊을 수가 없거든요. 동수 아빠는 촛불집회에 대해 어떤 기억을 갖고 계세요?

동수 아빠    기억이요? 음…, 기억에 남는 거라 그러면은 제가 광화문 현판 [앞]에서 처음으로 발언을 해봤어요. 그 인양 과정에서 처음으로, 그렇게 많은 사람 앞에서 발언을 하는 게 처음이었거든요. 그니까 아마 인양이 꼭 필요하다고 생각이 들어서 좀 해달라고 그래서 했는데, 가장 기억에 남는 게 그분들이 다 같이 한목소리로 인양이라는 것을 외쳐줬을 때 가장 기억에 남고, 그리고 나서 청와대 앞에 100미터까지 갔을 때가 가장 기억에 남는 거 같아요. 그리고 어디더라? 안국동, 안국동에서 저희가 포위, 갇혔을 때 그때가 그래도 가장 기억에 남아요. 그때가 힘든 거지만은 서로 그때는 죽을 각오를 하고 목에다 밧줄도 걸고 그랬었잖아요. 그때가 기억에 남는 거 같아요.

면담자    촛불집회 때 100만 명까지 모였었거든요. (동수 아빠 :
네) 근데 2주기를 넘기면서 점차 전 사회적으로 세월호에 대한 관심
과 지지가 좀 떨어지기 시작했거든요. 그러다가 촛불 정국이 되면서
전 국민이 다시 광화문으로 집결하는 상황을 경험하지 않습니까? 그
때 떠나갔던 시민들이 다시 모이는 느낌도 받으셨을 거 같아요.

동수 아빠    그때는 저희 세월호만 가지고 한 게 아니었기 때문에,
다만 이제 발언하면서 제가 느낀 건데, 그래도 사람들 가슴 깊은 곳에
는 세월호라는 게 살아 있다는 것을 뼈저리게 느꼈어요. 그니까 물론
잊으려고 하시는 분도 계시고 떠난 분들도 계셨지만은 그분들 마음속
에는 세월호라는 게 있다는 것을 그때 처음으로 많이 느꼈어요. 그니
까 제가 발언을 하면서 느낀 것이지만은 세월호 얘기만 하면은 많이
우시는 분들도 있었고, 많은 격려를 해주시는 분들도 계셨고, 발언할
때마다 느끼는 게 그거였어요. "힘드시겠지만 끝까지 함께하겠습니
다", 마음은 떠나지, 아니, "몸은 떠나지만은 마음은 같이하겠습니다"
이런 분들이 상당히 많았었거든요. 그니까 계속 활동하시다가 힘든
과정이 있어서 떠나신 분도 있고, 생활 여건상 떠나신 분도 계시니까
그분들이 몸은 떠나지만은 마음은 같이한다는 말이 가슴 깊이 남아
있어요.

면담자    이제 마지막 질문이 될 것 같습니다만, 모 언론사 뉴스
에서 결국 촛불은 세월호 참사로 인해 촉발되고, 세월호에 대한 기억
에 의해 우리가 이렇게 촛불의 상황을 만들 수 있었던 거 아니냐는 취
지의 발언이 나온 적이 있어요. 자, 그 촛불에 힘입어 새 정부가 들어
섰잖습니까? 새 정부의 세월호와 관련된 움직임에 대한 총평과 바람

이 있다면 무엇인가요?

동수 아빠　　　네. 아무튼 새 정부가 들어서면서 저희는 솔직히 기대를 했었어요. '아, 좀 바뀌겠구나'[하고]. 그런데 막상 정부가 들어섰지만은 저희가 기대한 만큼의 성과는 없었어요. 그니까 그걸 몸으로 느낀 게, 목포 신항에서 제가 처음으로 몸으로 느꼈거든요, 목포 신항에 있었으니까 저는. 새 정부가[로] 바뀌면서 해수부 장관까지는 바뀌었잖아요. 근데 밑에 있던 단장이나 이런 사람들은 그대로였거든요. 그래서 몸으로 느꼈다는 게, 그니까 유해가 나왔는데 그걸 은폐한 사건이 있었잖습니까? 안 바뀌었다는 거죠. 그니까 위에는 바뀌었을지 몰라도 밑에는 안 바뀌다 보니까 실망이 좀 컸죠. 그게 제일 첫 번째고, 두 번째는 이제 새 정부[가] 들어서 세월호에 대한 조사나 이런 게 좀 순탄하게 갈 줄 알았는데, 그것도 마찬가지로 어렵게 지금 하고 있는 상황이고, 국정원부터 시작해서 기무사, 나와 있는데도 결국은 제대로 좀 조사가 이루어지지 않고 있잖아요.

　　결국에는 다, 결국은 특조위가 조사해야 될 대상으로 되어버린 것이다 보니까, 좀 더 정부가 적극적으로 나서서 조사를 해줬으면 좋겠다는 바람은 아직까지 가지고 있고[요]. 또한 그동안 여러 가지 많은 조사가 이루어졌지만은 제대로 된 조사는 하나도 없었어요. 그래서 저희기 다시 주장하고 있는 게, 세월호에 전면 새조사의 목소리를 내고 있는데, 이 부분에 대해서도 정부는 아직까지 대답이 없어요. 그니까 정부는 바뀌었지만은 '이 세월호에 대해서도 어느 정도 부담감은 가지고 있지 않나?' 이렇게 생각을 하고 있어요.

면담자　　　지금 말씀하신 전면 재조사라면 방법이 뭐라고 보십

191
*
2회차

니까?

동수 아빠　　　저희들이 이야기하는 게 [검찰] 특수단을 조직을 좀 해서 그 특수단에서 전면 재조사가 필요하다는 것이죠. 지금까지는 조사를 해봐야 1기 특조위[가] 조금 했고, 검찰에서 조금 했긴 했지만, 그리고 지금 2기 특조위가 조사를 하고 있고, 그니까 이 앞에 것은 그렇다고 쳐도 2기 특조위가 조사를 하고 있으니까 여기가 연계가 된다고 그러면은 더 많은 자료가 나올 것이고, 더 많은 조사가 이루어질 것이라고 저희는 생각을 하고 있어요.

면담자　　　특수단이라면 수사권과 기소권을 가지고 있는 검찰에 구성하는 형태를 지금 생각하시는 겁니까? (동수 아빠 : 그렇습니다) 그럼 검찰 내부에 세월호 전면 재조사 무슨 특별조사단 같은 것이 만들어지는 것을 요구하시는 거죠?

동수 아빠　　　네, 그게 있어야만이 [조사 대상자들을] 불러오고, 수사를 하고, 압수수색을 할 수 있는 상황인데, 그게 안 이루어지니까, 그래야만이 이 앞 전에 됐던 수사가 제대로 됐는지 안 됐는지도 알 수 있는 상황이고….

면담자　　　그래서 검찰 특별수사단과 특조위가 서로 공조하면서 세월호에 대한 전면적인, 제대로 된 조사가 이루어지기를 바라신다, 이런 말씀으로 제가 이해하겠습니다. 혹시 남은 말씀 있으시면….

동수 아빠　　　어, 딱히 없고요. 촛불집회 때 저희들이 인권에 대해서도 얘기를 안 할 수가 없고, 인권이 무시당한 적이 많았거든요. 특히 저희 어머니들. 광화문 현판 상황은 좀 아시겠죠? 박스로 해서 화장

192

실을 했던…, 이런 부분이 좀 인권에 대한 모독이니까, 이런 부분도 마찬가지로 어느 정도는 잘했건 잘못했건 간에 사람의 인권은, 그래도 기본적인 인권은 보장을 해줘야 하는 게 정부로서의 입장인데, 그런 게 안 되고 있다는 거 다시 한번 얘기하고 싶어요.

면담자　　　　네, 고맙습니다. 오늘 2차 구술은 이것으로 종료하도록 하겠습니다. (동수 아빠 : 알겠습니다) 피곤하실 텐데 너무 고생하셨습니다.

동수 아빠　　　고생하셨습니다.

# 3회차

2019년 1월 24일

## 1
## 시작 인사말

면담자     본 구술증언은 4·16 사건에 대한 참여자들의 경험과 기억을 기록으로 남김으로써 이후 진상 규명 및 역사 기술에 기여하고자 합니다. 지금부터 정성욱 씨의 증언을 시작하겠습니다. 오늘은 2019년 1월 24일이며, 장소는 안산시 단원구 4·16가족협의회 강당입니다. 면담자는 김익한이며, 촬영자는 송추향입니다.


## 2
## 근황

면담자     아버님, 오늘이 3차 구술에 해당하는데요. 저희가 2차 구술하고 일주일 정도 시간이 지났는데 어떻게 지내셨습니까? 엄청 바쁘시죠, 요새?

동수 아빠     네, 뭐 요즘 바쁜 것도 바쁜 거고, 집안일도 있고, 요즘 좀 바빴어요. 시골도 좀 갔다 오고, 목포도 좀 갔다 오고, 서울 가고.

면담자     아, 목포도 다녀오셨어요, 다시? 무슨 일로?

동수 아빠     점검할 게 좀 있어서 점검 좀 하느라고.

면담자     조금 구체적으로….

동수 아빠     일단은 이제 보존 쪽에 준비를 해야 되는 단계라서 지금

197
•

세월호에서 나온 물건들[을] 다시 한번 검토하고 그거에 대해서 준비를 하고 있고, 특조위와 얘기해야 될 사안도 있고 [해서] 조사할 건 또 [보존 대상에서] 빼야 되니까, 그렇기 때문에 다시 한번 확인하고 왔죠.

면담자          배에서 나온 물건들 중에서 크게는 조사 대상들이 좀 있을 거고, 또 보존 처리해야 될 것들이 있을 거고, 그런 것들을 구체적으로 점검하러 다녀오셨다 이런 말씀이시네요. 보존해야 될 것들로는 현재 일부는 지금 안산으로 옮기지 않았어요? (동수 아빠 : 아, 하나도 안 옮겼어요) 전혀 옮기지 않고 목포에서 지금 보존 처리를 하고 있는 상태?

동수 아빠          아니요. 준비를 해야 되는 단계이니까, 그걸 구분해야 되니까 그걸 머릿속에 어느 정도 가지고 있어야 되니까.

면담자          그러면은 목포에 있는 물건들이 아직 보존 처리가 되지는 않은 상태네요. (동수 아빠 : 네, 아직 보존 처리[가] 안 되어 있죠) 아, 그거는 좀 너무 늦네요.

동수 아빠          근데 늦어도 조사할 항목이 정해져야만이 조사할 그걸 빼고 들어가야 되기 때문에 쉽지만은 않은 거예요. 지금 2과, 아니 2소위, 3소위, 4소위가 나름대로 조사할 대상이 있기 때문에 그걸 정하는 것도 쉽지만은 않아요.

면담자          사참위와 관련해서, 예를 들자면 조사 대상 항목들을 제안하는 작업들도 현재 바쁘게 진행 중이죠?

동수 아빠          아직 그 조사 신청을 안 했고요, 지금 현재 조사하는 과정 중에서 저희들이 해야 될 게 몇 개가 있어요. 그래서 그거 현재 사참위랑 논의를 하고 있고, 그런 과정 중에서 이제 용역 발주한 거, 지금 하나 발주가 나가 있는 상태이니까, 그 용역들도 현재 중간 검증했고, 현재 이렇게 보내고 있어요.

면담자   네, 용역은 뭐가 발주 나갔어요?

동수 아빠   지금 3소위에서 안전 쪽으로 해서 용역이 하나 발주된 게 있어요.

면담자   안전이라고 하시면 어떤 사회적 참사를 대비한 안전을 말씀하십니까, 아니면….

동수 아빠   네, 맞습니다. 연안 여객선 위주로 해서 주로 안전진단을 어떻게 하면 좋을지, 어떤 식으로 이 안전에 대해서 끌고 갈지를 조사하는 항목이 좀 있어요.

면담자   네, 알겠습니다. 아휴, 지금 목포에서 건강도 많이 해치시고, 되게 힘드셨는데 안산에 올라오자마자 또 서울, 목포 등등을 돌아다니시면서 적극적으로 활동 중이시네요. 오늘은 저희가 3일차 구술을 하는데요. 주요 내용이 동수 아버님의 삶이랄까, 그것이 4·16 이전과 이후에 어떻게 좀 바뀌었는지, 그다음에 유가족들이 그 과정에서 많은 깨달음들을 얻으시거든요. 그래서 생각의 변화라든지…, 그리고 이제 마지막에 좀 힘든 질문일 수도 있습니다만 하늘로 간 동수가 현재 아버님께는 어떤 존재고, 어떤 의미이고, 또 어떻게 지금 동수를 만나고 있고, 이런 얘기를 대체로 제일 마지막에 드리는 것으로 하겠습니다.

# 3
## 세월호 인양 과정에서의 아쉬움

면담자　　본격적인 질문으로 들어가면요. 우선 다른 유가족들도 그러지만 동수 아버님은 정말 사람이 할 수 있는 인내랄까, 그 극한까지 인내를 하시면서 5년간 활동을 하셨는데, 그런 활동에 참여하고 지속할 수 있었던 제일 큰 힘이랄까, 또 이유랄까 그런 것이 무엇이라고 생각하십니까?

동수 아빠　　음, [수습된] 동수를 처음 봤을 때 알아야 되겠다라는[라고 다짐한] 게 가장 큰 힘을 가지고 있었고, 지금도 마찬가지지만 이유를 알고 싶어서 싸우고 있는 거밖에는 없어요. 그니까 사고가 났을 때, 물론 사고는 날 수 있어요. 그렇지만은 구할 수 있는 시간이 어느 정도는 있었고, 구조하는 과정 중에서도 문제가 있었다는 건 이제 어느 정도 나왔고, [그러면] '그 이유가 대체 뭘까? 도대체 세월호라는 게 어떤, 정부는 어떤 의미를 갖고 있는 거고, 도대체 그 안에서 무슨 일이 벌어졌을까?'라는 것을 많이 생각을 해봤어요. 단순한 사고일 수도 있는데, 한편으로는 아까도 말씀드린 것처럼 '세월호가 대체 무엇이길래 이렇게 큰 참사를 만들어냈지?'라는 생각에 그게 힘들었던 거예요. 그 이유를 알고 싶어서 싸우는 거예요.

면담자　　소위 '구조'의 과정을 엄마, 아빠들이 팽목에서 다 지켜보고 있었는데, '구조'가 제대로 되지 않았음을 우리가 알고 있는데 도대체 그 이유는 뭘까? 이것을 설명하지 않는 한 (동수 아빠 : 납득이 안 되는 거예요) 동수를 처음 대면했을 때 아버님이 가졌던 의문이 풀리지 않는 거니까, 이 세월호 참사라는 거는 아버님께는 끝나지 않는 바로 지금 현재의 사건으로 남아 있는 것이죠. 뭐랄까, 그래도 엄청 지칠 때가 있잖아요. (동수 아빠 : 네) '이거 정말 이제는 내가 더 이상 못 하겠다' 이럴 때 다시 일으켜 세운 것은 무엇이었어요?

동수 아빠      어, 글쎄요. 딱히 짚으라고 그러면은 ○○이한테 미안함이 가장 컸어요. 그니까 제가 이제 동수 일을 하면서 그때 당시에 ○○이가 중2, 중3 하나씩 커 올라가잖아요. 그니까 아이를 하나만 먼저 보내고 [남은] 하나를 또 생각을 너무 못 했던 거죠. 그러다 보니까 '내가 여기서 포기를 하면은 과연 ○○이가 어떻게 받아들일까?' 그런 생각이 들었던 거 같아요.

면담자      진도에 내려가 계실 때도 당시에 미수습자 가족들과의 만남이었기 때문에 그게 쉬운 일은 아니었을 거거든요. 진도에 주로 계실 때 아버님의 활동 중에서 제일 아쉬웠던 점이 있었다면 뭘까요?

동수 아빠      제일 아쉬웠던 것은 마지막 마무리를 제대로 못 한 게 제일 아쉬워요. 그니까 2014년 11월 달에 수색을 종료한다고 했을 때 좀 더 강하게 인양을 좀 구체적으로 물고 늘어졌어야 됐는데, 그게 지금 가장 아쉬워요.

면담자      마음속에서 서운하다는지 그런 거는 혹시 없으셨어요?

동수 아빠      물론 서운한 점이야 있었죠. 그렇다고 그것을 여기서 얘기할 건 아닌 거 같고요. 서운한 점은 많이 있었죠. 근데 그분들 입장을 생각한다, 그러면은 한편으로 그건 받아들일 수는 있는 거죠.

면담자     해수부와 해경 문제인데, 그들의 대응에 대해서도, 예를 들어 이주영 장관 등에 대해 우리가 알고 있는데, 그런 사람들에 대한 아쉬움이나 서운함이나 이런 걸 하나만 짚는다면 어떤 걸까요?

동수 아빠     글쎄요. 아쉬움이라고 하기보다, 아쉬움, 아쉬움이라고 해야 되나? 좀 그런데, 일단은 이 수색 과정 중에서 좀 해수부나 정부가 적극적으로 하는 게 없었어요. 그 부분이 너무 아쉬워요. 꼭 가족들이 "이건 이렇게 해야 되지 않냐? 저건 저렇게 해야 되지 않냐?"[라고] 요구하면은 거기에 끌려가기가 바빴다니까요. 자기들이 구조나 수색을 제대로 하려면은, 체계적으로 준비가 되어 있었으면은 가족의 의견을 물론 들을 순 있겠지마는 좀 더 강하게 자기들 주장을 가지고 이걸 했어야 했는데, 너무 모르다 보니까 가족들이 여기저기 뛰어다니면서 알아보고 그것을 내용을 전달해서 그 방식을 다시 취하고, 이렇게 된 거죠. 체계적인 구조 방법이나 이런 게 없었다는 거죠.

면담자     현장에서 최종 결정 권한을 가지고 있고 승인을 해주는 것은 이주영 장관이었잖아요. 근데 이주영 장관이 11월 달에 수색 중단을 하고, 바로 서울로 올라와 여당의 원내대표로 출마하지 않습니까, 수염 깎으시고. 그거를 보셨을 때는 어떤 느낌이셨어요?

동수 아빠     그때 미친놈이라 그랬어요, 말 그대로. 일도 그렇게 했으면서 그걸 핑계 삼아서 원내대표가 된다? 글쎄, 그건 좀 아니다, 미친놈이라 그랬어요.

면담자     사실 일부 언론에서는 이주영 장관을 '팽목의 영웅'이라고 칭했는데, 혹시 알고 계셔요?

동수 아빠      네, 알고 있어요. 그니까 가족들은 그 상황을 아니까 미친놈이라고 했고, 그것을 이용해서 올라가려고 했으니까….

면담자      실제로 영웅이라면, 그것을 자신의 정치적 자산으로 삼아 정치 활동을 하는 게 그래도 밉지만 허용은 가능한데, 이분은 유가족들 입장에서는 아무런 성과도 내지 않고 사실 아이들을 구조하지도 않고, 그런 분이 '팽목의 영웅'이라고 칭해지면서 그것을 명분으로 원내대표가 되려는 것은 정말 있을 수 없는 일이다 이렇게 보셨다는 거네요. 사실은 이런 얘기도 세간에 많이 알려져 있지 않습니다. 이주영 장관은 굉장히 열심히 하신 분으로만 알려져 있죠.

동수 아빠      네, 세간에 그렇게 알려져 있어요, '열심히 한다'라고. 근데 실상은 그렇지는 않았어요.

면담자      '도대체 왜 그랬을까?'라고 생각해 보신 적 있으세요?

동수 아빠      글쎄요, 그건 생각해 본 적은 없어요. 그니까 지금 와서 굳이 얘기하라 그러면은 어, 글쎄 무언가를 감추기 위해서 그러지 않았을까요? 감추려면은 그마만큼의 다른 것을 해야 되잖아요, 열정적으로 보일 수 있는 것을. 그렇게 하기 위해서는 자기가 희생을 한다 하더라도, 희생을 했다면은 팽목에서 살았겠죠, 그것을 바탕으로.

면담자      이주영 장관의 수염이 그런 면에서는 굉장히 상징적인 거네요. (동수 아빠 : 안 깎은 건 상징적이죠) 아버님 말씀대로라면 무엇인가 숨기려는 본래의 목적이 있었고, 그것을 사람들이 알아보지 못하도록 스스로가 엄청 고생하는 듯 수염을 길렀다? (동수 아빠 : 포장을 하는 거죠) 면담자인 저도 아버님하고 똑같은 관찰을 하고 있었습니다. 결국 이주영 장관은 이주영 장관 하나가 아니고 해경과 해수부의 또 다른 제2, 제3, 제4의 이주영들이 있었거든요. 그들에게 한마디 좀 직설적으로 해주신다면 무슨 말을 하고 싶으세요?

동수 아빠     글쎄, 해수부 장관이라고 하면은 기본적으로 바다에 대해서 어느 정도 알고 있는 사람이 해야 되는 건데, 그냥 낙하산으로 전부 다 앉다 보니까 과연 그게 정책적으로 맞는지 꼭 꼬집어보고 싶어요. 그니까 각 장관을 임명할 때 거기에 맞는 장관을 임명해야지 그냥 주먹구구식으로 나눠먹는 식으로 해서 장관을 임명하는 게 상당히 많거든요. 그건 정책적으로 상당히 맞지 않다고 저는 생각해요.

면담자     수색이 중단되고 2015년이 되면서 아버님은 주로 인양과 관련된 일을 인양분과장으로서 하시잖습니까? 그래서 상하이샐비지에서 본격적으로 인양을 시작하기 전에 그 중간에 아버님께 제일 아쉬웠던 점이 있었다면 무엇이었어요?

동수 아빠     제일 아쉬웠던 것은, [해수부 내부에서는] 인양 과정을 논의를 분명히 했을 겁니다. 왜냐면 선체처리조사TF[선체처리기술TF팀]라는 것도 만들었고, 또 정부에서 나름대로 여러 가지 방향을 조사를 했겠죠. 그런 과정을 저희한테는 얘기 안 해도 되는 건데, 미수습자분들한테는 최소한의 배려를 생각했다면은 그 부분에 대해서는 그분들하고 최대한 많은 이야기를 하면서, 대화를 나누면서 그분들이 생각하는 것, 그분들이 원하는 것을 같이 공유를 했으면은 좋았을 텐데, 그걸 못 했던 거죠. 그냥 일방적인 통보[만 했던 거예요].

면담자     아버님은 동거차도, 서울 등지를 왔다 갔다 하시면서 인양과 관련된 구체적인 정보를 얻기 위해 해양 전문가들이 있는 곳을 쫓아다니며 정말 건강이 유지되기 어려울 정도의 활동을 또 하셨거든요. 그때, 인양이 되는 시기까지, 상하이샐비지의 인양 작업에 대해 제일 아쉬웠던 점이 있다면 무엇이었습니까?

동수 아빠    그것도 마찬가지예요. 인양, 그니까 인양이 되기 전까지 그니까 바다에, 2017년 3월에 인양이 되잖아요, 그 전까지 가장 아쉬운 게, 물론 미수습자분들도 아마 그 부분은 어떻게 생각할지는 모르겠지만 전반적인 인양 과정이 투명하게 얘기된 게 하나도 없어요. 그니까 인양을 시작하는 시점과 끝나는 시점, 요것만 제대로 좀 언론에 공개되고 그 중간 과정은 언론에 공개된 게 거의 없어요. 그러다 보니까 물론 여기에는 가족들도 포함이 되는 거죠. 그러다 보니까 궁금한 게 너무 많아요. 대체 무슨 작업을 어떻게 했는지 아무도 몰라요, 우리도 잘 모를 정도니까. 그런 과정을 좀 투명하게 공개를 해주고, 서로 논의를 했으면은 좀 더 빠른 방법이 나왔을 거고, 좀 더 좋은 방법이 나왔을 건데 그렇지 않은 게 가장 아쉬움으로 남죠. 그니까 다음에 이런 참사가 일어나지 않겠지마는 어떤 참사가 일어난다 하더라도 이런 거에 대해서는 피해자 가족들하고 [함께하려고] 최대한 노력하고 대화하는 게 가장 중요해요. 이런 과정들이 전반적인[전반적으로 형성되어] 사회에서 같이 의논해 나갈 수 있는 그런 세 만들어졌으면 좋겠어요.

면담자    정부와 시민사회와의 관계, 그다음에 이런 참사가 일어났을 때 참사 피해당사자들과 정부와의 관계, 그 안에서의 소통, 대화 (동수 아빠 : 그게 가장 중요해요) 공개적으로 논의하는 거, 이런 것들이 상당히 중요하다는 결정적인 말씀을 해주셨는데요.

결국은 이제 인양이 되어서 목포 신항에 배가 누운 상태로 올라왔다가 직립까지 하는 과정이었는데, 그때 말하자면 선체 조사도 동시에 이루어졌잖습니까? 아버님은 신항에 거의 상주를 하시면서 모든 과정을 지켜보시고 진두지휘를 하셨어요. 그 과정에서 남은 제일 큰 아쉬움은 또 무엇이었습니까?

동수 아빠　제일 큰 아쉬움은 조사죠, 조사. 선체가 누워 있는 상태에서 선체조사위가 만들어졌는데, 배는 3월에 올라오고 선체조사위원회는 그 전에 꾸려졌지만 조사관들은 7월 달에 들어오고 선체 직립은 5월 달에 되고, 근데 선체 조사는 1월 달에 끝나고⋯. 이 부분이 가장 아쉬워요.

면담자　사실은 직립이 된 상태에서 좀 더 본격적으로 조사했다면 조사 내용도 그렇고 보고서도 지금보다는 훨씬 더 (동수 아빠 : '더 충실하게 나오지 않았을까' [하는] 그런 생각을 좀) 그게 제일 큰 아쉬움이시네요.

# 4
## 수면장애, 단기기억상실, 어깨 통증

면담자　이제 좀 개인적인 얘기를 여쭙겠습니다. 진도에 내려가 계신 동안에 건강은 어떠셨어요?

동수 아빠　그때는 건강 신경을 거의 안 썼으니까, 그때는 잇몸이 좀 많이 주저앉은 상태여서 먹는 게 좀 힘들었었던 거고, 그리고 계속 왔다 갔다 하다 보니까 뭐라고 해야 되나요, 살이 좀 많이 빠진다 그래야 되나요? 그런 게 좀 있었고, 그리고 건강에 대해서는 그때는 그렇게 신경을 안 썼어요. 아프고 하는 것은 알았는데 그냥 넘어간 적이 많죠.

면담자   소소하게 아프다고 하면 어떤 증상들이었어요? 감기 몸살이 심하게 걸린다든지….

동수 아빠   마비가 좀 오는 경우가 있었어요. (면담자 : 아, 2014년에도?) 네. (면담자 : 진도에 내려가 계실 때?) 네. 15년, 14년[에도] 마찬가지로…, 운전하고 다니다 보니까 그런 경우가 있었고…. 계속 뭐라고 그래야 되나, 신경, 스트레스를 받았잖아요. 그러다 보니까 그 스트레스를 풀어야 되는데 못 풀다 보니까, 계속 쌓이다 보니까 몸에서 마비 증세가, 다리가 마비되거나 그런 게 있었죠.

면담자   아, 그때 그러면은 아버님은 평일에는 주로 진도에 계시고, 회의[가] 있거나 할 때는 또 안산으로 올라오셨고, 당시에 또 6, 7, 8, 9월 달 이때는 엄청나게 농성을 하고 그랬으니까 (동수 아빠 : 서울에) 거기에도 같이 참여하시고…. 1인 몇 역을 하셨을 텐데, 스스로 차를 몰고 다니셨어요, 진도까지? (동수 아빠 : 네) 아, 그 일주일에 한 번 이상을 왔다 갔다 하셨을 거 아니에요, 안산과 진도를.

동수 아빠   평균적으로 일주일에 2, 3일이죠, 왔다 갔다 하는 건.

면담자   2, 3회? 저도 한 두세 번 진도나 목포 신항을 운전을 해서 간 적이 있긴 합니다만 편도로 내려가는 것만 해도 엄청 피곤한데 그거를 지금 1년가량을 일주일에 두세 번을 왕복하시면서 지냈다는 얘기예요? (동수 아빠 : 네) 마비가 올 만도 하네요. 심지어 진도에서는 정신적인 고통 같은 게 있을 수밖에 없었을 텐데, 그럼에도 불구하고 그때는 크게 내 몸에 이상이 있었다고 보지는 않으셨던 거예요?

동수 아빠        그렇죠. 그때는 그걸 크게 신경 쓸 여유는 없었으니까….

면담자        원래 아버님은 굉장히 건강하셨죠? 운동도 많이 하시고.

동수 아빠        그렇게까지, 건강은 그래도 좀 [자신] 있었는데, 운동은 그렇게 많이 하는 편은 아니었고, 기껏해야 회사에서 공 차러 다니는 게 전부였었으니까. 그것 외에는 없었지만은 그래도 건강은 남한테 뒤지지는 않았으니까….

면담자        제가 듣기로는 축구도 꽤 잘하시고, 또 운동을 일반인 들 기준에서 보면 많이 하시는 건강 체질이었던 걸로 알고 있는데요. 지금 축구 같은 건 못 하시죠? (동수 아빠 : 저 못 해요) 몸 상태가 어떠신데 못 하게 되셨어요?

동수 아빠        이제 조금만 움직이면은 다리에 힘이 안 들어가요. 뭐 걸으라면, 걷는 거에 대해서는 자신 있게 걸을 수 있는데 뛰거나 이렇게는 하지를 못해요.

면담자        지금 아버님의 몸 상태를 그렇게 스스로 느낄 만큼 상당히 안 좋은 상태가 되셨다는 거네요, 축구뿐만 아니라 뛰는 걸 못 하실 정도면.

동수 아빠        네, 거의 뛰는 것은 힘들어요.

면담자    이제 목포에 내려가신 게 언제쯤이죠?

동수 아빠    2017년 3월에, 3월 인양할 때 동거차도[에] 들어가서 시작했으니까 그때부터 3월 달, 3월 중순경에 들어갔죠.

면담자    동거차도에 계실 때도 나중에는 유가족들이 반별로 교대로 오기는 했습니다만….

동수 아빠    목포 신항으로 온 게, 인양[하기] 전에 동거차도[에] 들어가서 인양을 완전히 보고, 배가 이제 목포로 출발하면서 같이 목포로 들어왔으니까.

면담자    동거차도 감시초소가 나중에는 그나마 음식도 좀 해 먹을 수 있는 상황이 되기는 했습니다만, 초기에는 정말 아무것도 없는 상태에서 몇몇 아빠들이 거기에서 버텼잖아요. 그때 건강은 어떠셨어요? 너무너무 힘들었을 거 같은데, 제가 볼 때는.

동수 아빠    그때는 다들 건강이 별로 좋은 건 아니었어요.

면담자    음식은 어떻게 하셨어요, 그때?

동수 아빠    음식은 햇반. 햇반[을] 가지고 가서 물에 데워서 먹고, 라면 끓여 먹고 이게 다였어요, 따로 해 먹을 수 있는 게 없기 때문에.

면담자    그 생활을 얼마나 하신 거예요?

동수 아빠    그 생활을 석 달, 넉 달 했죠. 그리고 전기가 들어오면서 이제 (면담자 : 전기밥솥을 갖다 놓으셨죠?) 네. 밥솥 갖다 놓고 정수기 갖다 놓고 그러면서 조금 생활이 나아졌죠.

면담자    저는 생활이 상당히 나아진 상태에서 처음 동거차도를 갔었는데요. 제 기준에서는 아무것도 해 먹을 수가 없는 상태라서 저희가 따로 부르스타하고 냄비라든지 부자재 같은 것을 한 네 박스 정도 사가지고 올라가서 10반 엄마들이랑 같이 한 나흘인가 거기서 밥을 해 먹은 적이 있는데요. 그걸 해 먹으면서 유가족들이 얼마나 힘들었는지를 제가 좀 몸으로 절감했어요. 정말 솔직하게 얘기했을 때 이튿날 밤에 눈물이 철철 나더라고요. 여기에 저 유가족들이 이 상황을 감내하면서 동거차도에 있어야 된다는 것 자체가 저로서는 좀 인정이 안 됐어요.

동수 아빠    저희도 인정은 안 됐었어요.

면담자    사실은 그런 과정 자체가 정신적, 육체적 건강을 집중적으로 망가뜨리거든요.

동수 아빠    근데 반대로 저희들은 그렇게 생각하지 않았어요. 그러니까 동거차도라는 게 저희들한테는 휴식처였어요. 다른 데는 사람들이 많다 보니까 속마음을 거의 얘기를 못 해요. 근데 동거차도에서는 아무도 없고 말 그대로 가족들만 있잖아요. 그니까 속마음을 얘기하는 거죠. 뭐, 누가 소리 질러도 뭐라고 하는 사람 없고, 울어도 누가 뭐라고 하는 사람 없잖아요. 그니까 저희들한테는 거기가 안식처예요.

면담자    그곳이 휴식처였다는 얘기는 참 슬프네요. 어머니, 아버님들은 지금도 안산이라는 공간에서는 안식처를 제대로 찾지 못하고 있다는 말씀에 해당해요. 어떻게 생각하시나요, 현재 이 삶이?

동수 아빠    어, 글쎄 그건 잘 모르겠고 일단은 혼자만의 시간이 많

동수 아빠 정성욱

이 필요하다는 생각이 들어요.

면담자 　　　목포 신항에 컨테이너 박스를 설치하고 거기서 생활을 시작해서, 최근에 완전히 올라오시기 전까지 엄청 오랜 시간을 보내셨는데, 그때는 건강이 또 어떻게 변하셨습니까?

동수 아빠 　　　그니까 2017년 7월까지는 그럭저럭 견딜 만했어요, 스트레스는 많이 받았지만은…, 그게 17년 7월 중순까지였고…. [목포 신항에서] 처음에 [아이들이] 나온 거를 보고 나서부터는 잠을 못 잤어요. 진짜 그때부터는 잠자는 게 무서웠고, 거의 1시간, 2시간? 새벽 시간, 한 6시, 5시, 6시 정도 되어야 잠을 잘 수 있었으니까. 그때부터는 이제 정신적으로 몸도, 뭐라고 해야 되나, 힘들어지더라고요.

면담자 　　　잠잘 시간에 어떤 증상이 생기셨어요?

동수 아빠 　　　그니까 그때 처음, 그니까 그 전에 애들을 다 봤을 때와 그때 당시 □□ 형태의 아이를 봤을 때 차이가 나는 게, 그걸 보고 나서 저녁에 잠을 자는데 그때 아이들이 이제 처음으로 꿈속에 왔었어요, 전체라고 하긴 그렇고 많이 왔어요. 근데 얼굴 형상이 없더라고요. 그니까 얼굴 형상[이] 없이 아이들이 오니까 그게 너무 무서웠어요. 처음에 한 번은 뭐 그럴 수 있다 했는데, 그게 아니더라고요. 계속 그 꿈이 반복이 되니까 잠을 잘 수가 없어요.

면담자 　　　잠을 못 주무신 게 어느 정도 계속 됐습니까, 기간으로 보면?

동수 아빠 　　　한 1년 이상이 됐죠, 그게. 7월 달부터 해서 거의 잠을 못 이룬 게 18년부터 해서 [세월호] 직립 끝나고 나서까지 이어졌었으니까.

**면담자**　　　다행히 그 이후에는 꿈에 좀 덜 나타나는 상태가 되셨어요? (동수 아빠 : 네, 직립 이후에는) 배가 눕혀 있다가 세워진 이후에 그나마 조금 덜 나타나는? (동수 아빠 : 네, 그 이후에는 안 와요) 아, 꿈에 나타나지 않았어요? 아버님의 해석이나 그런 게 있습니까? 그 이유? (동수 아빠 : 그건 모르겠어요) 모르지만 어쨌든 꿈에는 나타나지 않는 상태가 된 거네요, 아버님. 1년 정도 잠을 못 주무셨다는 것은 어쨌든 1일 총 수면 시간이 1, 2시간밖에 안 됐다는 얘기십니까, 아니면 낮에 좀 주무셨단 얘기예요? (동수 아빠 : 1, 2시간밖에 안 되는 거죠) 그랬다면 기억력 문제라든지 이런 것들이 큰 위협이 되기 마련인데, 아버님 경우는 어떠셨어요?

**동수 아빠**　　　그렇게 하다 보니까 스스로, 잠도 못 자고 하는데 스트레스는 쌓이다 보니까 기억을 단편, 순간순간 잃어버리는 게 많았죠. 2017년인가? 2017년에 처음으로 기억을 잃어버린 거예요. 그니까 겨울에 목포 신항에서 김장 행사를 했었어요. 그때 김장 행사를 오전에 하고 오후에 이제 밥을, 수육을 삶아서 먹는데 머리가 너무 아프더라고요, 몸도 안 좋고. '들어가서 잠깐 약을 먹고 누워야겠다' 하고 했는데 그 이후부터 기억이 안 나요. 아침에 일어났을 때 기억이 안 나요. 그것밖에 몰라요.

**면담자**　　　오전에 김장 행사할 때까지는 기억이 났는데, 오후부터 아침에 일어나실 때까지는… (동수 아빠 : 네) 사람들에게서 동수 아버

님이 오후에 뭐 뭐를 했다 이런 얘기는 있고? (동수 아빠 : 네) 뭐를 하
셨어요? (동수 아빠 : 그니까) 들은 얘기로는.

동수 아빠       저녁에 술도 마셨고, 소리도 치고, 울기도 하고 그랬다
는데 전혀 [기억이 안 났어요].

면담자       기억을 잃으신 거는 그게 첫 경험이셨네요, 2017년 겨
울에.

동수 아빠       기억[상실]은 그게 첫 경험이고, 쓰러진 거는 그 전에 한
번 쓰러졌죠. (면담자 : 아, 쓰러지기도 하셨어요? 목포 신항에서?) 네. 7월
달에 그렇게 하면서 저녁에 쌓이는 것을 풀려고 나름대로 뭐 스트레
칭이라고 해야 되나? 저녁에 산책을 시작해요, 혼자서. 처음에 엄마
들이랑 같이하다가 이제 엄마들이 없을 때는 혼자 산책하고 그렇게
하는 과정 중에서, 산책하는 도중에 한 번 쓰러졌어요. 복통이 와서
쓰러졌는데, 그때 12시 다 됐을 거예요, 아마. 쓰러졌는데, 다행히 건
우 아빠하고 그때 당시에 경빈 엄마하고 찾으러 와서 응급실로 실려
갔죠. 그때는 뭐 기억은, 그때는 있어요.

면담자       근데 어쨌든 목포 신항에 내려갔을 때는 이미 그동안
누적된 몸의 이상과 스트레스가 작용하면서 복통으로 쓰러지기도 하
고, 또 겨울에는 기억력이 반일 이상 없어져 버리고 그런 경우네요.
그 이후에 좀 더 나빠지셨죠?

동수 아빠       네, 그리고 있다가 얼마 안 있다가 어깨 통증이 심하게
와서 병원을 갔더니 수술을 해야 된다고 그래서 거의 한 달 병원 치
료, 입원과 병원 치료를 받았죠.

면담자    어깨에 어떤 현상이 생겼대요?

동수 아빠    이 어깨 연골이 거의 다 닳았다고 해야 되나요? 그래서 뼈와 뼈끼리 부딪치는 현상을 용어로 설명해 줬는데…, 이 뼈를 깎아내야 한다고 말씀하시더라고요. 근데 그때는 그렇게 할 수 있는 상황이 아니니까 그때 그렇게 잠깐 치료를 받고 다시 목포로 갔죠.

면담자    그럼 결국은 약을 먹으면서 어쨌든 시간이 지나면서 통증이 줄기를 기다리셨던 거 아니에요? 그런 상황이라면 아버님 대신 다른 유가족들이 내려온다든지 해서 아버님이 치료를 받으셨어야 되거든요. 그렇게 하지 않은 이유나 못 한 이유는 무엇이었어요?

동수 아빠    일단 전반적으로 돌아가는 사정도 그렇고 여러 가지 할 일이 많았어요. 그때 직립도 직립이지만 할 일이 좀 많다 보니까. 그러면서 여러 가지 실험이 좀 많이 잡혀 있었어요. 그러다 보니까 그 실험을[에] 빠질 수 없는 상황이다 보니까 계속 그냥 강행을 하게 된 거죠.


# 5
## 네덜란드에서의 실험과 수밀문 개폐의 진실


면담자    아, 그리고 보니까 실험 얘기는 1, 2차 구술 때 제가 아버님께 상세하게 여쭤보지 못했던 거 같은데 실험 얘기를 좀 구체적으로 해주시죠. 무슨 실험을 어디서 하셨습니까?

동수 아빠 　　　네덜란드에서 자유 항주 실험과 침수 모형실험이었었죠. 네덜란드에서 총 세 차례에 걸쳐서 했으니까, 한 달 보름을 했죠.

면담자 　　　아버님은 그 실험이 진행되는 동안 네덜란드에 가서 상황을 직접 보셨고요? (동수 아빠 : 네) 네덜란드에서 실험한 곳이 어디였는지는 기억나십니까?

동수 아빠 　　　네덜란드 암스테르담에서 좀 더 들어간 시골 마을인데, 그 마린 연구소라고 해서 마린에서 했어요.

면담자 　　　거기를 알아보고, 실험을 의뢰하는 일은 누가 하셨습니까? (동수 아빠 : 선조위에서 했죠) 그니까 선체 실험에 대한 요청을 선조위에다가 유가족들이 드리고?

동수 아빠 　　　아니, 아니요. 그니까 선체조사위원회에서 침몰 원인을 설명하기 위해서 여러 가지 데이터를 모았고, 그것을 인제, 항적을 돌려봐야 되니까, 국내에도 있어요. 국내에도 있는데, 굳이 마린[연구소]을 택하게 된 게 [국내의] CRISO라는 곳에서 항적 실험을 했었는데 은폐를 했고, 그리고 "국내에서는 이게 힘들지 않냐?" 그래서 몇 군데를 처음에 알아봤어요. 영국, 네덜란드 해서 몇 군데를 알아봤는데, 그나마 수조가 비고 시간이 되는 데가 마린밖에, 마린이 가장 낫다 싶어서 마린으로 가게 된 거죠.

면담자 　　　그 실험 결과를 보시고 어땠어요? 당시에 사실 언론에도 일부는 보도되고 하지 않았습니까? (동수 아빠 : 네) 그거를 현장에서 직접 보시니까 그동안 한국에서 했던 실험과는 다른 결과가 나왔나요?

동수 아빠   한국에서는 실험한 걸 제가 못 봤으니까 모르죠.

면담자   CRISO에서 하긴 했지만 공개를 안 한 거네요.

동수 아빠   은폐를 했던 거죠, 그 상황은 모르겠고. 일단 마린에서의 실험은 상당히 힘들었어요, 저희 가족들이 보기에는. 그 항적 실험이나 침수 모형실험이 그 사건을 연상시키는 거니까 그 시간을 저희는 본 상태에서 그것을 계속 봐야만 했던 게 가장 힘들었던 거 같아요. 그거 항적[을] 밝히는 것도 중요하지만은 일단 그것을 견뎌야만 그걸 볼 수 있기 때문에 그거 때문에 힘들었고, 그런 과정 중에서 이제 모형실험도 있었고, 시뮬레이션도 있었고, 이런 과정이 저희들한테는 다시 한번 그 일을 상기시키는…. 물론 잊지는 않았지만은 몸으로 느끼는 게 틀렸죠[달랐죠].

면담자   그 실험에서 새롭게 밝혀진 것이 있다면 뭘까요?

동수 아빠   일단은 크게 밝혀진 건 없어요, 여러 가지 실험을 했지만은. 다만 밝혀진 거라 그러면은 침수 실험 중에서 수밀문이 열려 있지 않았으면은 배는 침몰 안 했다, 일단 이거 하나는 증명이 됐고요. 그다음에 항적 실험에서는 크게 밝혀질 수 있는 게 없었어요. 여러 가지 많은 데이터를 가지고 했지만은 일단 항적이 안 나오는 거에 대해서는 그 부분이 아직 조금 더 조사를 하고 더 많은 데이터를 가지고 했었으면은 좋았지 않았을까…. 그렇지만은 그래도 일단은 뭐 여러 가지 데이터를 확보했다는 거에 대해서는 큰 의미를 가지고 있죠.

면담자   수밀문 얘기가 나와서 여쭙는데요. 증언에서는 "열어놓고 다니기도 한다" 이런 얘기가 선원들 입에서 나왔었죠. (동수 아빠 :

네) 그리고 백번 양보해서 그것을 인정한다고 하더라도 배가 기울기 시작하면 일단 물이 들어올 수 있는 모든 곳은 차단해야 하니까 수밀문은 당연히 닫아야 되고, 그 이후에도 차단할 수 있는 곳이 있으면 다 차단하는 게 일반적으로 저희가 상식 차원에서 생각하는 선원의 임무인데, 결국은 열어놓은 상태에서 배가 침몰했단 말이에요. 그거에 대해서는 아버님은 어떤 추정을 하십니까?

**동수 아빠**　　뭐 의도적으로 했다기보다는 일단은 물론 배를, 수밀문을 눌렀다 하는 증언도 있지만은 정확히 그것에 대해서는 확인이 안 된 상황이고….

**면담자**　　눌렀다는 것은 버튼을 누르면 수밀문이 자동으로 닫혀야 하는데 작동하지 않았다는 증언이 있었다는 얘기예요?

**동수 아빠**　　눌렀다고 하는데 그것도 왔다 갔다 해요, 지금. 자기들 뭐 이제 그런 상황이고, 일단은 수밀문은 작업자, 그니까 선장이나, 선쟁만이라고 하긴 그렇고 기관실이니까, 기관실에 있는 분들이 쉽게 다닐 수 있는 통로를 확보를 해놓는 차원에서 기본적으로 열고 다니는 것은 보편적으로 다 아는 사실이고, 이제 수밀문이 문제거든요. '이 수밀문을 열어놓고 다녔다는 것은 그만큼 배에 심각한 문제가 있었기 때문에 열어놓고 다녔지 않았나?' 이렇게 판단을 하는 거죠.

**면담자**　　문제가 있었다고 판단한다는 건 무슨 말이죠?

**동수 아빠**　　일단 뭐 잔고장이 많았다는 게 보편적으로 나오는 얘기이고, 그렇게 수리를 해야 되잖아요. 근데 이 수밀문은 기관실에서부터 조타실, 아니 타기실까지 다 왔다 갔다 할 수 있도록 되어 있어요.

근데 그 문을 막으면은 다시 기관실에서, 기관실이 지하 2층까지 있 거든요, 그러면은 올라가서 D데크로, 그러니까 D데크, 화물칸으로 해서 다시 넘어가야 되는 이런 상황이잖아요. 그러면 한참을 돌아야 돼요. 근데 이게 아니라 문이 열려 있으니까 그냥 그 문으로 쭉 가기 만 하면, 예를 들어서 돌아가면 15분이 걸릴 걸 이렇게 가면은 5분도 안 걸려서 가거든요. 그러니까 선원들이나 쉽게 다닐 수 있게 그래서 열어놓지 않았을까 이렇게 판단을 하는 거죠.

면담자　　　자, 그러면 남는 문제는요, 배가 처음에 15도 정도 기울 고 그다음에 확 기울기는 했죠. 하지만 배가 완전히 침몰될 때까지는 시간이 좀 걸렸단 말이에요. 그러면 일반적으로 수밀문이 열린 것이 침몰을 빠른 속도로 진행하게 한다는 걸 선원이면 누구나 알고 있었 을 텐데, 수밀문을 닫아가면서 그들이 탈출할 수는 없었던 겁니까?

동수 아빠　　　그건 못 해요.

면담자　　　아, 그건 안 되는 거예요?

동수 아빠　　　네. 왜 그러냐면은 수밀문은 버튼[을] 누르면은 자동으 로 잠기게 되어 있지만은 거기 맨홀은, 맨홀은 볼트예요. 볼트를, 제 일 적은 것은 26갠가 되고, 제일 많은 게 34갠가 돼요. 이건 기본 상태 에서 잡을 수 있는 상황은 아니에요.

면담자　　　그러면 수밀문은 닫는다고 하더라도 맨홀 등 다른 문까 지 다 닫을 수 있는 상황은 아니었다고 보시는 거네요.

동수 아빠　　　네. 근데 기본적인 수밀문만 막았어도 1시간 40분보다는 조금은 더 떠 있을 수 있는 시간이 됐는데, 근데 이제 수밀문까지 열려 있는 상태이다 보니까….

6

## 목포 신항에서의 쉼 없는 활동

면담자    다시 목포 신항에 계실 때의 건강 이야기로 돌아오겠습니다. 그 정도로 몸에 이상이 오면 사실은 좀 쉬셨어야 됐거든요. 결국은 안 쉬고 목포에 거의 상주하면서 가끔 안산에 올라오는 생활을 그 이후에도 계속하셨죠? (동수 아빠 : 네) 그 이후에 계속하시면서 몸이 더 나빠지셨을 것 같은데….

동수 아빠    쓰러지는 게 계속 반복이 됐죠, 총 다섯 번인가 쓰러졌으니까. 그런 현상이 계속 반복이 되기 시작하면서 스스로가 어떤 충격을 조금만 받으면은, 큰 충격[을] 조금만 받으면은 스스로가 못 이겨서 넘어가는 이런 현실이 된 거죠, 계속.

면담자    주로 어디 어디에서 쓰러지셨어요?

동수 아빠    목포 신항에서 주로 다 쓰러졌고.

면담자    그니까 예를 들어서 목포 신항에서 아까처럼 산책을 하다가 쓰러졌다든지, 사무실에서 쓰러졌다든지, 뭐 배[를] 조사하러 갔다가 쓰러졌다든지, 이런 걸 여쭙는 겁니다.

동수 아빠    선체 관람 중에 한 번 쓰러졌고, 그다음에 방에서 자다가 기억력[을] 잃고, 나머지는 신항 안에서, 신항 안에서 쓰러졌죠. 직립할 때 한 번, 그때는 아예 3일인가 날밤을 샜을 거예요. 그때는 선체[를] 직립한다고 워낙 그쪽으로 신경을 쓰다 보니까 3일 날밤을 새고, 그다음에 배가 서는 과정이, 남들은 다 배를 세운다는 과정을 쉽게 생각하는데 저는 그렇게 생각을 안 했어요. 배를 세운다는 거 자체를 배가 10도, 15도 이렇게 올라갈 때마다 사고 때 순간이 계속 돌아오는 거예요. 거꾸로 가는 거죠.

저희는 배를 세우는 게 목적도 있었지만은 '과연 저 상태였을 때는 어떻게 아이들이 버텼을까? 저 상태였을 때 과연 어떤 현상이 일어났을까?' 이제 이런 것을 저는 봤어요. 그러다 보니까 그것을 계속 인지해 가면서 배를 딱 세우고 안착을 시키니까 저도 모르게 안도감[이] 딱 되더라고요[들더라고요]. 그때부터 다리가 풀리기 시작해서 걸어와서 사무실에서 쓰러진 적이 있죠. 그러한 과정이 있었고, 그다음에 신항에, 전주를 갔다 왔구나, 전주를 갔다 와서 밤에 한 번 또 안에서, 그때는 도로에서 넘어졌죠. 도로에서 넘어지면서 그때 부모님들이 병원으로 후송을 해서 그때도 한 번, 그때 가장 크게 단기기억상실증이 왔었어요, 그때 전혀 알아보지를 못했었으니까.

면담자　　　단기기억상실이라면 어느 정도 기간 동안 기억을 못 하신 거예요?

동수 아빠　　한 석 달 정도 기억을 잃었죠.

면담자　　　그거는 그래도 2018년도 얘기시죠? 지금은 많이 회복이 되신 거죠?

동수 아빠 정성욱

동수 아빠    네, 다…. 그러는 과정 중에서 목포에서 치아 두 개[를] 혼자서 다 뺐고. 그리고 나서 이제, 그러면서 이제 치아가 완전히 뭉개져 있었죠.

면담자    잇몸하고 치아가 제 기능을 발휘 못 하는…, 사실은 뭐 이에 문제가 생기는 것은 꽤 많은 유가족들이 스트레스 등으로 인해서 경험하는 현상이기는 합니다만, 아버님은 훨씬 더 심하게 왔다는 얘기네요.

동수 아빠    아예 잇몸 뼈가 없어질 정도였으니까요. 잇몸 뼈 같은 경우에는 이식을 해야 한다고 하더라고요.

면담자    지금 치료는 전혀 안 하고 계시죠?

동수 아빠    이제 먹을 수가 없으니까…. 어금니가 다 없어요. 먹을 수가 없다 보니까 이제는 치료를 해야겠다 싶어서 치료를 시작을 했어요.

면담자    아, 그래요? 그나마 다행이네요. 그동안의 얘기를 쭉 들어보면, 보통 사람들 같으면 치료부터 해야 하는 일을 전혀 하지 않고 여태까지 견뎌오신 거거든요. 근데 최근에 치아 치료를 시작했다고 하시니까 왜 이렇게 서럽게 들리는지…. 앞으로도 과제가 많이 남아 있으니까, 어쨌든 치료는 해가면서 일을 하시면 좋겠어요.

## 교육관의 변화

면담자    동수가 하늘로 간 이후에 교육에 대한 생각의 변화를 좀 말씀해 주시면 좋겠습니다.

동수 아빠    사고 전에는 무조건 좋은 대학[에] 가기를 바라서 공부에 좀 신경을 많이 썼죠. 공부는 무조건 해야 되는 거고, 특히 영어, 수학은 기본적으로 해야 되니까, 뭐 부유하지는 않지만 힘들게 과외까지 시켜가면서 그렇게 했는데…. 그 사고 이후에 ○○이를 교육을 했잖아요. 그러면서 "니가 하고 싶은 거 해라" 이렇게 바뀌게 되더라고요. '아, 내가 원하는 게 아니라 자식이 원하는 거' 이렇게 바뀌게 되더라고요. "네가 하고 싶은 걸 해야 되지 않을까? 그리고 네가 놀 수 있으면 놀고, 공부하고 싶으면 공부하고. 다만 나중을 생각한다면은 그래도…" 그건 이제 그렇게는 얘기하죠. "기본적인 건 해야 된다" 이렇게는 얘기를 하죠.

면담자    ○○이의 경우에는 "네가 하고 싶은 걸 하고, 다만 기본에만 충실해라" 이렇게 교육관이 바뀌었다는 말씀이시네요. 좀 엉뚱한 질문입니다만, 나이가 어린 사람은 나이가 많은 사람의 말을 들어야 한다고 생각하셔요, 어떻게 생각하셔요?

동수 아빠    그거는 저는 반반이라고 생각을 해요. 물론 어른이 하는 얘기는[가] 100프로 다 옳은 얘기는 아니기 때문에 그중에서 자기가 들을 수 있고, 자기가 소화할 수 있는 것만 들으면 돼요. 어렵게 얘기하면은 그걸 소화를 못 해요. 그니까 자기가 소화할 수 있는 내용만 소화를 하면 돼요. 그래서 저는 반반이라고 얘기한 거예요.

면담자    옛날에는 어떻게 생각하셨어요?

동수 아빠    옛날에는 무조건 다 들어야 된다고 생각했죠, 어른이 말하시면 하나도 빼놓지 않고 그걸 다 시행하는. 근데 지금은 어른들이 얘기하더라도 100프로 그걸 다 받아들이는 게 아니라 자기가 수용할 수 있는 것만 수용하는 거, 자기 능력껏 [하는 것이 옳다는 생각으로] 바뀌긴 했죠.

면담자    동수를 생각하시면서 동수네 가족의 삶을 새로 꾸려간다면 어떻게 꾸려가고 싶으세요?

동수 아빠    아, 새로 꾸려간다면은 글쎄요. 많이 바뀌겠죠? 일단은 아이들과 많은 시간을 보내고 싶어요, 그러지 못했기 때문에. 그게 하나고, 또 하나는 놀러도 많이 가고 싶고…. 공부에 대한 것은 좀 맡겨 놓고 싶다[는 생각이에요], 그니까 아이들과 많은 대화를 해서 그 꿈을 키워주고 싶다는 게 가장 크죠, 내 꿈이 아니라 아이[의] 꿈.

# 8
## 정치관의 변화

면담자    정치와 관련된 얘기를 간단하게 하죠. 4·16 이전과 이후에 좀 바뀌신 것들이 있습니까?

동수 아빠      4·16 이전에는 정치에 대해서는 거의 뭐 신경을 안 썼다고 봐야 되겠죠.

면담자      그냥 투표만 하는 것이고, 그 외에는 별로 관심이 없었다?

동수 아빠      싸우든 뭘 하든 간에 신경을 안 썼는데, 4·16 이후에는 관심을 가지게 됐죠. 그니까 사람을 어떤 사람을 뽑느냐에 따라서 환경이 많이 바뀐다는 걸 이제 몸소 체감을 많이 하다 보니까, 아무래도 많이 생각을 하게 되고 고민을 하게 되고 그렇게 좀 많이 바뀌었죠.

면담자      어머님, 아버님이 엄청 시위도 하시고, 그 결과로 특별법도 만들어내시고 했잖아요? 특별법을 만드는 건 원래 국회의원의 일이거든요. 근데 어머님, 아버님들이 직접 관여하셔서 무엇인가를 만들어내는 경험을 쭉 하셨어요. 박근혜 탄핵도 항상 최선두에서 탄핵 상황을 만들어내신 거, 이것도 정치거든요. 그래서 그런 부분에 대한 생각이 많이 바뀌셨을 거 같아서 제가 여쭙습니다.

동수 아빠      솔직히 그것은 저희는 그때는 정치라고 생각은 안 했어요. 정치라고 생각[은] 안 하고, 물론 정치의 일종일 수도 있겠지만, 저희들이 앞장서서 하는 것은 이유를 모르는 상태에서 무슨 일을 할 수가 없으니까 뭐 하나를 알기 위해서는 결국에는 그 특별법이라는 걸 만들어야 되고, 그렇지 않고는 정부가 손 놓고 있는 상황이었고, 만들기 위해서는 저희가 뭐 정치적으로 알지도 못했지만은 '싸울 수 있는 게 몸밖에 없다. 앞장서고 행동하고 해야만이 이 사건을 수습할 수 있지 않을까?'라는 게 기본적인 생각이었기 때문에 그래서 앞장을 섰던 거고, 국회에 가서 농성도 했던 거고, 광화문에서 시위를 한 것도 정치적인 걸 하기 위해서 한 게 아니라 아이들의 억울한 죽음[의 의문]을 풀고, 알기 위해서 했던 거지, 정치적으로 저희가 뭐 어느 편을 들어서 했던 건 아니라고 생각을 해요. 다만 저희는 그렇게 생각을 했는데 언론이나 정부에서는 그렇게 생각을 했겠죠. '이게 또 하나의 정치다. 정치적인 싸움을 하는 거다'라고 생각을 했던 거죠. 그러면서 우리도 모르게 이게 자연스럽게 정치하고 연관이 되어서 이렇게 흘러왔던 거 같아요.

면담자　　　요새는 청와대 국민청원도 있고 여러 방법이 있는데, 그런 걸 적극적으로 해야 된다고 보세요, 그렇지 않다고 보세요?

동수 아빠　　　그건 적극적으로 해야 된다고 판단을 해요. 다만 만약 90년대하고 지금하고 비교한다면은 90년대는 서로 간에 폭력적인 싸움이었던 거고, 지금은 어느 정도 평화적인 방법을 사용하고 있잖아요. 그니까 90년대가 아니라 지금 현 상황에서 시위는 저는 좋다고 생각을 해요, 폭력이 아닌 평화시위. 폭력이라고 하면은 서로 간에 너무 힘든 폭력이거든요. 제가 90년도에 의경생활을 해서 데모 진압을 하러 갔어요. 그때는 진짜 힘들었거든요. 서로 간의 피를 봐야 되고, 서로 간의 적이 되어야 되고, 그때 적이라고 하면은 친구 간의 적도 있었어요. 그게 너무 힘든 거죠.

면담자　　　지금 세월호와 직접 관련된 것 이외에도 이 사회에 굉장히 많은 문제가 발생하고 있단 말이죠. (동수 아빠 : 그렇죠) 그렇게 발생하고 있는 문제들에 대해 아버님은 어떤 행동을 해야 된다고 생각하시는지 다시 한번 여쭙습니다.

동수 아빠    그니까 그렇게 있을 때 그것을 저는 몸으로 뛰어야 된다고 생각해요. 아무리 뭐 얘기를 해도 현 사회에서는 자기가 뛰는 만큼은 받더라고요, 해보니까. 되든 안 되든 간에 말로 외치는 것과 몸으로 행동하는 것은 틀리다고 생각하기 때문에 소규모가 됐든 대규모가 됐든, 여러 가지 많은 게 나오겠지마는 그게 하나로 뭉쳐져서 몸으로 직접 행동을 해야 된다고 생각을 해요. 그렇지 않고서는 이 사회는 절대 바뀌진 않아요, 기득권들이 그러니까.

면담자    대통령 얘기를 빼놓을 수가 없네요. 예를 들어서 김대중 대통령에 대해서 기대가 많으셨어요? (동수 아빠 : 네) 예를 들어서 어떤 기대를 하셨어요?

동수 아빠    일단은 뭐 그때는 회사생활을 하고 있었을 때니까 '회사생활을 하는 게 좀 나아지겠지' [하는 거였죠]. 워낙 그때는 박봉이었고, IMF 이후잖아요. 그러다 보니까 '경제가 좀 나아지겠지'라는 기대감? 그 기대감이 가장 컸던 거 같아요. (면담자 : 충족이 되셨어요?) 글쎄요. 충족이 됐는지는 잘 모르겠어요. 아무튼 그때는 그런 기대감을 가지고 아마 했던 거 같고, 아무튼 경제적으로는 조금 힘들었지만은 그래도 좋았어요, 일단은. 뭐가 좋았는지는 모르겠지마는 일단은 그때 당시를 생각해 보면은 그렇게 힘든 시기는 없었던 거 같아요.

면담자    그리고 이제 노무현 대통령이 됐잖아요, 그다음이 그래서 일부는 나라가 망했다고 얘기하는 사람들도 있었고, 일부는 또 새로운 기대를 많이 갖기도 했었는데, 아버님은 어떠셨어요?

동수 아빠       근데 그 이후에는, 그렇게 해서 김대중 대통령 시절을 보내고 노무현 대통령이 됐을 때 크게 변화하는 걸 못 느꼈어요. 왜냐면 그게 쭉 이어져서 오다 보니까 별로 이렇게 딱히 드러나는 것을 못 느낄 정도였으니까. 아마 기본적으로 생각하는 게 공단에 일하는 사람들은 대부분 그렇게 느끼지 않았을까요? 왜 그러냐면은 IMF 이후에 조금씩 올라가던 시기이다 보니까 크게 저는 그렇게 몸으로 느낀 게 별로 없었어요.

면담자       그 이후에 이명박, 박근혜의 시기를 결국은 굉장히 고통스러운 시기였다고 회고하는 사람들이 많은데, 현장에서는 어떠셨어요? (동수 아빠 : 상당히 힘들었죠) 아, 그러셨어요? 경제적으로?

동수 아빠       공장도 그때는 많이 힘들었어요. 왜 그러냐면 그때 문을 닫는 회사들이 상당히 많았었으니까. 그니까 인건비 대비 이것을 풀어나가야 되는데, 뭐라고 해야 되나, 인건비는 그 상태로 있고 다른 물가는 계속 오르는 거잖아요. 그러다 보니까 회사도 어려워지다 보니까 한국 사람을 자르게 되고, 결국에는 [외국에서] 싼 노동력이 많이 들어오고, 그러다 보니까 한국에 있는 일자리들이 한국 사람들[의] 일자리가 많이 사라지면서 그때 부쩍 많이 힘들었어요. 그니까 저도 그때 당시에 회사생활을 했지만은 외국인 노동자가 너무 많았어요. 외국인 노동자가 많은 건 어쩔 수 없는 상황이라고 치더라도 그렇게 싸게 들어와서 일을 하다 보니, 한국 사람들이 일을 할 데가 많이 줄어들다 보니까 그런 게 조금 가면 갈수록 힘들어졌죠. 거기에서 오는 문화적인 차이도 많았어요. 그니까 여러 나라에서 오다 보니까 다 틀리잖아요. 그 사람들하고 맞춰서 일을 한다는 거 자체가 힘들었어요,

227

문화적인 차이가 있다 보니까.

면담자　　　박근혜 전 대통령에게 참사 직후에 바람 같은 게 있었습니까? 다시 말해서 '대통령이 움직이면 크게 달라질 거다' 이렇게 혹시 생각하셨는지요?

동수 아빠　　그때는 했죠, 기댈 데가 거기밖에 없었으니까. 대통령의 말 한마디에 좀 더 많은 조사가 이루어질 거라는 큰 기대는 했었죠. (면담자 : 대통령이 말을 안 한 건 아니잖아요) 그렇죠, 근데….

면담자　　　아니, 진도체육관에 와서 할 거 다 하겠다고 얘기를 했거든요. (동수 아빠 : 말은 했죠) 그다음에 대국민 성명을 하면서도 다 하겠다고, 눈물까지 흘려가면서 했단 말이죠.

동수 아빠　　행동이 안 되잖아요. (면담자 : 왜?) 그거야 모르죠. 그건 아무도 모르잖아요. 말은 열심히 했죠, 두 번인가 세 번인가 열심히. '악어'의 눈물도 흘려가면서 했죠. 근데 그렇게 행동을 했음에도 불구하고, 말은 그렇게 했음에도 불구하고 행동은 반대로 했잖아요. 그니까 그 이유가 아직도 궁금은 해요, '말은 그렇게 했으면서 왜 행동은 반대로 했을까?' 그럼 다시 반대로 생각을 해본다면은 '세월호가 과연 무엇일까? 세월호 안에 우리가 모르는 뭔가가 있을까?'라는 게 반대로 저희는 생각을 했죠.

면담자　　　동수 아버님이 실제로 경험한 대통령들을 볼 때, 대통령이 할 수 있는 일이 그렇게 크지 않은데, 우리가 의식적으로 '대통령이 마음만 먹으면 뭐든 할 수 있다'라고 잘못 생각하고 있지 않은지 여기신 적은 없습니까?

동수 아빠 정성욱

동수 아빠　　잘못 생각한 적은 없을 거 같아요, 그니까….

면담자　　현재에도 대통령이 세게 하면 뭐든지 할 수 있다고 생각하서요?

동수 아빠　　아니요. 그건 아니라고 생각을 하는데, 다만 4·16이라는 특별한 사건이기 때문에 가능하다고는 생각했어요. 일반적인 사건과 달리 304명에 대한 희생이 났고, 특히 한 학교가 송두리째 사라진 거잖아요. 특별한 사건이기 때문에 가능하다고는 생각했던 거죠.

면담자　　대통령이 잘하면, 일이 잘 풀려서 우리가 직접 대면하는 해수부 국장 같은 사람들이 세월호 참사의 진실을 밝히는 데 적극적으로 나설까요?

동수 아빠　　아니죠. 그니까 제가 말하는 대통령이 해서 움직일 수 있다고 생각하는 것은 우리가 흔히 말하는 [특별]검사 제도를 말하는 거죠. 특별한 사건이기 때문에 특별히 조사할 수 있는 기구가 만들어지지 않을까, 만들 수 있다는 생각을 가졌던 거고, 지금도 그 생각은 변함은 없어요. 생각은 변함없지만 다만 현, 우리나라[를] 쭉 올라가면, 시대별로 본다면은 대통령이 할 수 있는 건 거의 없어. 대통령은 의결을 하고 밀어붙일 수는 있겠지마는 밑의 기득권이, 잠깐 이 아랫사람들은 이 사회에서 몇십 년을 굴러먹은 사람들이에요. 머릿속에 박혀 있는 게 있기 때문에 절대 바뀌지 않아요. 이게 바뀌려면은 최소한 몇십 년이 걸려야만 이 체계가 바뀌는 거죠, 이 한 체계가 바뀌려면. 그러기 때문에 그건 알고 있지만은, 저는 아까 말씀드렸죠. '이 4·16은 특별한 사건이기 때문에 그렇게 해가지고 되지 않았을까?'라고 판단을 했던 거죠.

면담자　　　공무원들을 많이 접하셨을 텐데, 참사 이전에 공무원들에 대한 생각과 참사 이후의 생각에 변화가 있으셨는지요?

동수 아빠　　　공무원은 대통령이 바뀌어도 똑같아요. '변하는 건 없다'[라고 봐요]. 똑같아요, 그걸 계속 느끼고 있는 거고.

면담자　　　옛날에도 그렇게 생각하셨어요?

동수 아빠　　　옛날에는 공무원 상대를 할 때는, 공무원을 뭐 그렇게 많이 상대를 안 했지만은, 그냥 뭐라고 해야 되나, 권위의식을 가지고 있는 사람 정도로만 생각을 했었죠. 지금은 권위의식이 아니라 머릿속에 박혀 있는 사상이 문제라고 생각해요. 권위의식은 두 번째고, 나는, 뭐라고 해야 되나, 공무원이라는 자체가 뭐 하나의 기득권이라고 머릿속에 갖고 있다고 생각해요. '공무원은 기득권이다. 뭐든지 할 수 있다' 이렇게 [생각을] 갖고 있는 거 같아요.

면담자　　　그들이 유가족들이 요구하기 전에 스스로 알아서 하면 좋은데, 심지어는 유가족들이 요구를 해도 관철이 안 될 때가 많잖아요. 왜 그렇다고 생각하세요?

동수 아빠　　　그건 모순된 하나의, 뭐라고 해야 되나, 잘 보이기 위한 행동? 그러니까 옛날에 사극을 보면은 아부를 많이 하잖아요. 그거하고 똑같다고 생각해요, 저는. 저희 가족들이 요구해서 충분히 들어줄 수 있는 상황인데도, 나중에 자기한테 어떤 불이익을 받지 않을까 이런 게 먼저 내면에 잠재해 있는 거죠. 왜? 자기는 진급을 해야 되고,

그러려면은 잘 보여야 되는데, 이걸 하기로 했을 때 과연 이게 나한테 이익이 될까라는 걸 먼저 생각하는 거죠. 그러니까 안 되는 거죠.

# 9
## 시민 단체에 대한 고마움

**면담자**　　　이제 좀 전혀 다른 얘기입니다만 2014년에 특별법을 제정하는 과정에서도 그랬고, 그다음에 탄핵 촛불 때도 그랬고, 어마어마하게 많은 수의 시민 단체 사람들을 보셨잖습니까? 4·16 이전에도 그런 시민 단체 활동을 하는 사람들을 만나신 적이 있습니까? (동수 아빠 : 거의 없죠) 근데 4·16 이후에 시민 단체 사람들을 많이 접할 수밖에 없는 상황이 됐는데, 그분들은 어떻게 보셨어요?

**동수 아빠**　　　시민 단체랑 처음에 얘기할 때에는, 글쎄요. 저 같은 경우에는 앞 전에도 말씀드렸지만은 만나는 거 자체가 두려웠기 때문에 시민 단체[분들을] 만나는 게 껄끄러웠어요. '내가 이 사람들을 만나서 무슨 얘기를 해야 되지?' 어떤 얘기를 해야 할지 모르잖아요. "내 아이가 죽있으니까 거기에 대해서 일려주십시오"라고 큰소리만 계속 외칠 수는 없는 상황이잖아요. 그니까 좀 부담스러웠어요, 처음에는. 무슨 어떻게 말을 해야 될지 모르겠고, 몇십 년을 그냥 회사만 다니던 사람들이 시민 단체를[단체분들을] 만나서 어떤 얘기를 어떻게 풀어나갈지를 모르기 때문에 두려운 것도 있었고, 그런 처음엔 존재였죠, 시민 단체라는 게.

면담자　　　　그러시다가 현재는 일부 시민 단체 활동가들하고는 호형호제도 하잖아요. 그 정도로 가까워지게 된 계기가 뭐였습니까?

동수 아빠　　　가까워진 계기는 저희가 쭉 활동을 하다 보니까, 뭐라고 해야 되나, 좀 믿음, 믿음이라고 하긴 좀 그렇고, 처음에는 믿음이 아니었으니까, 적극적으로 해주는 게 처음에는 고마웠던 거 같아요. 고마움에, 같이 활동을 하는 게 가장 큰 계기? 그니까 일부는 저희를 외면하고 비판했지만은 이 시민 단체는 저희를 감싸려고 했고, 같이 마음 아파하려고 했으니까 그게 고마웠던 거 같아요. 그러다 보니까 마음의 문을 열게 되는 거죠.

면담자　　　　지금은 그런, 꼭 단체가 아니더라도 적극적으로 사회문제에 대해 실천 활동을 하시는 시민분들이 많이 있으시잖아요. 그런 분들에 대해서는 어떻게 평가를 하십니까?

동수 아빠　　　저희가 어떻게 평가를 할 수 있겠어요. 다만 저희는, 저는 그렇게 생각을 해요. 그분들도 그분들의 나름[대로] 생활이 있을 거고, 행동 패턴이 있을 건데 이렇게 저희, 이 4·16 참사에 대해서 적극적으로 [참여]해 주시고 앞장서 주시고 같이해 주는 거에 대해서는 뭐라고 말을 표현할 수 없을 정도로 고맙게 생각을 해요. 만약에, 흔히 그러죠, 백골난망이라는 옛날 말이 있잖아요, 죽어서도 못 갚는다고. 아마 이것은 평생 제가 안고 가야 될 또 하나의 짐이라고 저는 생각해요, 갖고 가야 될, 평생 갖고 가야 될. 결국은 이 짐을 다시 한번 이 사회에 똑같이 나눠줘야 되는 하나의 짐이라고 생각해요.

면담자　　　　아버님께, 아버님이 하실 수 있는 어떤 사회적 활동, 또는 시민 단체 구성원들이 세월호 참사와 관련해서 했던 것과 같은 어떤 역할을 세월호 참사가 아닌 다른 사회적인 문제나 고통을 풀기 위해 좀 하시라고 권유를 받으신다면 어떻게 하실 거 같아요?

동수 아빠    저희들한테, 저한테 자문을 구한다든가 어떤 일에 대해서 같이해 주십사 하면은 적극적으로 같이할 거 같아요.

면담자    심지어는 어떤 유가족분은 '내 남은 여생은 시민 활동에 바치고 싶다' 이렇게 말씀하시기도 하더라고요. 그래서 "아버님, 그거 정말 고난에 찬 일입니다"라고 제가 이야기한 기억이 나는데….

동수 아빠    저는 아직까지 그럴 생각은 없고, 일단 저희[가] 이게 해결이 안 됐기 때문에 저희 거[를] 하면서, 저는 그렇게 하고 싶은 거예요. 그니까 저희 거[를] 하는 과정 중에서 그런 분들이 원하신다면 같이할 수 있다[라는 이야기지요].

면담자    안산의 지역사회에 대해서는 어떤 느낌을 가지고 계시나요, 참사 이후에?

동수 아빠    그냥 솔직히 말하면 안산을 떠나고 싶었어요. 근데 못 떠나는 이유가 아직도 아무것도 안 됐기 때문에 못 떠나는 것뿐이지 솔직히 안산을 떠나고 싶어요. 너무 힘들어요, 사람을 보는 것도 좀…. 그렇고 워낙 맞다 보니까…, 저는 여길 처음에 온 지 20년이 다 되었으니까 제2의 고향이거든요, 저한테는. 근데 그 정도까지, 떠나고 싶다는 정도까지 마음이 들 정도면…. 안산은 한마디로 하면, "안산은 힘들다…".

면담자    이유를 한 가지만 드신다면요?

동수 아빠    한 가지만 든다면 제가 안산 고잔동 은혜와진리교회 앞에서 18년[을] 살았어요. 18년 살았는데, 그 주민들한테 뒤통수를 맞으니까 그게 싫더라고요. 그니까 같이 웃고 같이했던 사람들이 어느 순간에 아이들이 온다는 걸 반대한다? 그게 과연 남의 일이라서 그러는 건지 진짜로 다른 이유가 있어서 반대를 하는 건지 모르겠어요. 만약에 그 일이 내 일, 남[의] 일이 아니라 내 일이었으면은 어떻게 생각, 어떻게 봤을까? 더구나 한동네에서 얼굴을 봤던 사람들인데 그렇게까지 해서 반대를 할 정도면 서로 간의 거짓 얼굴로 대면을 하고 살았지 않았나 [싶더라고요]. 그러다 보니까 힘들었어요.


# 10
## 앞으로의 바람


면담자    동수를 떠나보낸 지 조금 더 지나면 5년이잖아요. 처음에는 상황 자체가 인정이 안 되셨을 테고, 좀 시간이 많이 지나서 하늘에 있는 동수와 함께 사는 뭔가의 방법 같은 것을 아버님이 혹시 찾으셨나요? 앞으로 동수를 어떻게 만나가시려고 하나 그거에 대해서 좀 여쭙고 싶습니다.

동수 아빠    아직 그것은 생각해 본 적이 없어요. 다만 제가 하면서 한 가지는 가지고 가요. 동수를 만날지 안 만날지는 모르지만 만약에 만난다 그러면은 동수한테 듣고 싶은 마음은 있어요. "아빠, 고생했어요” 이 한마디를 듣고 싶어서 일단 일을 시작은 했고, 지금도 하고 있는 거고, 아까도 금방 선생님이 말씀하신, 교수님이 말씀하신 것은 생각해 본 적은 없어요.

면담자      동수가 꿈에 나타나거나 뭐 혼잣말로 대화를 하거나 이런 것은 없으셨나요?

동수 아빠      그냥 혼자 생각은 하는데….

면담자      아, 동수가 꿈에 안 나타났어요?

동수 아빠      초기에는 몇 번 왔는데 [이제] 안 오더라고요, 엄마한테는 자주 오는데…. 모르겠어요, 저한테는 안 오더라고요. 목포 신항에 있을 때도 그렇게 단체로 [여러 아이들이] 무더기로 [꿈에] 왔을 때도 [동수는] 얼굴이 안 보였었으니까, 왔는지 안 왔는지 모르겠지, 근데 목소리상으로는 애들이, 동수가 온 거를 알겠는데, 얼굴 형태는….

면담자      원래 4·16 이전에 꿈을 그래도 꽤 잘 꾸는 편이셨어요, 안 꾸는 편이셨어요?

동수 아빠      그렇게 많이는 꾸지 않는 편이에요.

면담자      그런 상태에서 초기에는 동수가 꿈에 좀 나타났다가 요즘에는 잘 나타나지 않는다, 이런 말씀이시네요?

동수 아빠      어느 순간부터 안 오기 시작을 했었어요.

면담자      이제 마지막 질문입니다만, 진상 규명이 다 되었을 때 동수 아버님이 남은 평생에서 제일 하시고 싶은 일이 무엇입니까?

동수 아빠     제가 하고 싶은 일이요? 다 됐다 그러면은 저는 그냥 어디 아무도 없는 한적한 시골로 가서 그냥 평생을 보내고 싶어요, 그게 어떤 삶일지는 모르겠지만….

면담자     왜 아무도 없는 한적한 곳이어야 해요, 도시가 아니고?

동수 아빠     사람이 사람을 만나고 사람과 같이 행동한다는 거 자체는 사회에서 이루어지는 가장 중요한 건데, 거기에 대한 염증을 많이 느꼈어요. 그러다 보니까 지금도 그 생각은 가지고 있어요, 어느 순간 나도 모르게 '아, 이걸 포기하고 시골로 가자'라는 생각을 아직도 가지고 있기 때문에…. 그니까 연민이 아니라 염증을 느껴버리니까 싫더라고요. 연민을 느껴야 되는데 그게 안 되니까, 믿었던 사람들한테 배신 그리고 정부에 대한 불신, 그다음에 내 스스로가 사람을 못 믿는다는 자책감, 그게 아직까지도 저를 괴롭혀요.

면담자     마무리하면서요. 혹시 이야기를 안 하신 것이 있는지 한번 생각해 봐주시지요.

동수 아빠     알겠어요. 뭐 얘기는 다, 거의 다 한 거 같은데, 네덜란드 갔다 온 얘기도 했고 동거차도 얘기 했고 목포 신항 얘기 했고…. 아, 목포 신항에 있으면서 저희가 1년 6개월, 제일 짧게 있었던 기간을 생각했을 때 1년 6개월 정도인데, 그래도 가장 거기 있으면서 저희들한테 큰 도움을 주신 분들, 지금 목포 고구려한의원인데 어머님들 건강을 많이 챙겼던 분들이 계세요. 한 분 계시는데, 그분 얘기가 좀 빠져 있는 거 같긴 한데, 지금은 전라남도 도의원이신데[조옥현 의원] 그 전에는 목포에서 한의원[을] 하셨던 분인데, 저희가 목포 신항에 갔

을 때부터 저녁마다 찾아와 주서서 침도 놔주고 몸도 풀어주신 분[이]
계신데, 아마 그런 분들이 계속 옆에 있었기 때문에 가족들이 목포 신
항에서 버텼지 않았을까 생각해요.

면담자        3차에 걸친 구술이 쉬운 과정이 아니에요. 근데 정말
많은 이야기를 해주서서 너무너무 감사드리고요. 저희가 아버님의 말
씀을 귀하게 여기면서 책으로 출간해 많은 사람과 공유할 수 있도록
최선의 노력을 다하겠습니다. 아버님, 긴 시간 말씀해 주서서 고맙습
니다.

동수 아빠        고생하셨습니다.

4·16구술증언록 단원고 2학년 7반 제8권

그날을 말하다 동수 아빠 정성욱

ⓒ 4·16기억저장소, 2020

**기획 편집** 4·16기억저장소 | **지원 협조** (사)4·16세월호참사가족협의회
**펴낸이** 김종수 | **펴낸곳** 한울엠플러스(주)
**초판 1쇄 인쇄** 2020년 4월 1일 | **초판 1쇄 발행** 2020년 4월 16일
**주소** 10881 경기도 파주시 광인사길 153 한울시소빌딩 3층
**전화** 031-955-0655 | **팩스** 031-955-0656 | **홈페이지** www.hanulmplus.kr
**등록번호** 제406-2015-000143호

Printed in Korea.
**ISBN** 978-89-460-6769-1 04300
　　　　978-89-460-6801-8 (세트)
* 책값은 겉표지에 표시되어 있습니다.